Die Wonderwêreld van Sjinese Smaak
Reis na 'n Kulinêre Avontuur

Mei Ling

Opsomming

Bros beesvleis met kerriesous *10*
Gestoofde beesvleiskerrie *11*
Geroosterde kerrie beesvleis *12*
Beesvleis met knoffel *13*
Gemmer beesvleis *14*
Rooi gekookte beesvleis met gemmer *15*
Beesvleis met groenbone *16*
Warm beesvleis *17*
Warm beesvleis straccetti *18*
Beesvleis met Mangetout *20*
Gemarineerde beesvleis *21*
Beesvleis en gebraaide sampioene *22*
Gemarineerde beesvleis *23*
Gesmoorde Beesvleis Met Sampioene *24*
Roergebraaide beesvleis met noedels *26*
Beesvleis met rysnoedels *27*
Beesvleis met uie *28*
Beesvleis en ertjies *29*
Soteer uie bees draf *30*
Beesvleis met gedroogde lemoenskil *31*
Beesvleis met oestersous *32*
Beesvleis met soetrissies *33*
Peper steak *34*
Beesvleis met soetrissies *35*
Braaivleisrepies met groenrissies *36*
Beesvleis met Chinese piekels *37*
Steak met aartappels *38*
Rooi gekookte beesvleis *39*
Lekker beesvleis *40*
Maalvleis *41*
Familie styl beesvleis *42*
Gegeurde maalvleis *43*

Gemarineerde beesvleis met spinasie *44*
Swartboontjiebeesvleis met sprietuie *46*
Geroosterde beesvleis met sprietuie *47*
Beesvleis en sprietuie met vissous *47*
Gestoomde beesvleis *48*
Beesbredie *49*
Gesmoorde bors *50*
Geroosterde beesvleis *52*
Steak Strips *53*
Gestoomde beesvleis met patats *54*
Beeshaas *55*
Geroosterde beesbrood *56*
Bees Tofu Rissie Tofu *57*
Beesvleis met tamaties *58*
Rooi beesvleis gaargemaak met raap *59*
Beesvleis met groente *60*
Beesbredie *61*
Gevulde steak *62*
Beesbolletjies *64*
Bros frikkadelle *65*
Gemaalde beesvleis met cashew *67*
Beesvleis in rooi sous *68*
Beesvleisballetjies met glutinous rys *69*
Frikkadelle met soet en suur sous *70*
Gestoomde vleispoeding *72*
Gestoomde maalvleis *73*
Maalvleis met oestersous *74*
Beesrolletjies *74*
Beesvleis en spinasie frikkadelle *75*
Roergebraaide beesvleis met tofu *76*
Lam met aspersies *77*
lamsrak *78*
Lam met groenbone *79*
gekookte lam *80*
Lamsvleis met broccoli *81*
Lam met waterkastaiings *82*

Lam met kool	83
Lamb Chow Mein	84
skaapkerrie	85
Geurige lam	87
Geroosterde Lamblokkies	88
Lam met Mangetout	89
Gemarineerde lam	90
Lam met sampioene	91
Lamsvleis met oestersous	92
Rooi gaar lam	93
Lam met sprietuie	94
Sag lam steaks	95
lambredie	96
Gebraaide lam	98
Lam en Groente	99
Lamsvleis met tofu	100
Gebraaide lam	101
Lamsbraai met mosterd	102
Gevulde lamsbors	103
Lam in die oond	104
Lam en rys	105
Wilgerlam	106
Varkvleis met amandels	107
Varkvleis met bamboeslote	108
Geroosterde varkvleis	109
Kool Vark En Bone	110
Hoender met bamboeslote	112
Gestoomde ham	113
Spek Met Kool	114
Hoender met amandels	115
Hoender met amandels en waterkastaiings	117
Hoender met amandels en groente	118
Hoender met anys	119
Hoender met appelkose	121
Hoender met aspersies	122
Eiervrug hoender	123

Hoender toegedraai in spek 124
Hoender met boontjiespruite 125
Hoender met swartboontjiesous 126
Hoender met broccoli 127
Hoender met kool en grondboontjies 128
Cashew hoender 129
Hoender met kastaiings 130
Pittige brandrissie hoender 131
Chili gebraaide hoender 133
Chinese hoender 134
Hoender Chow Mein 135
Pittige bros gebraaide hoender 137
Gebraaide hoender met komkommers 139
Brandrissie Hoender Kerrie 140
Chinese hoenderkerrie 141
Vinnige Hoender Kerrie 142
Hoenderkerrie met aartappels 143
Gebraaide hoenderdye 144
Gebraaide hoender met kerriesous 145
gedrink hoender 146
Gesoute hoender met eier 147
Hoender eierrolletjies 149
Gestoofde Hoender Met Eiers 151
Hoender uit die Verre Ooste 153
Foo Yung Hoender 154
Ham en Hoender Foo Yung 155
Gebraaide hoender met gemmer 156
Hoender met gemmer 157
Gemmerhoender met sampioene en kastaiings 158
Goue hoender 159
Gemarineerde goue hoenderbredie 159
Goue munte 161
Gestoomde hoender met ham 162
Hoender met Hoisinsous 163
Hoender met heuning 164
hoender "Kung Pao 165

Hoender met preie 166
Suurlemoen Hoender 167
Pangebraaide Suurlemoenhoender 169
Hoenderlewer met bamboeslote 170
Gebraaide hoenderlewers 171
Hoenderlewer met sneeu-ertjies 172
Hoenderlewer met noedelpannekoeke 173
Hoenderlewer met oestersous 174
Hoenderlewer met pynappel 175
Soetsuur hoenderlewer 176
Hoender met lychees 177
Hoender met lychee sous 178
Hoender met sneeu-ertjies 179
Mango baba 180
Waatlemoen Gevul met Hoender 181
Gebraaide hoender en sampioene 182
Hoender met sampioene en haselneute 183
Gebraaide hoender met sampioene 185
Gestoomde hoender met sampioene 186
Hoender met uie 187
Hoender met lemoen en suurlemoen 188
Hoender met oestersous 189
Hoenderpakkies 190
Hazelnoot hoender 191
Grondboontjiebotter Hoender 192
Hoender met groen ertjies 193
Peking hoender 194
Hoender met soetrissies 195
Gebraaide hoender met soetrissies 197
Hoender en pynappel 199
Hoender met pynappel en lychee 200
Hoender met Vark 201
Gestoofde Hoender Met Aartappels 202
Vyf speserye hoender met aartappels 202
Rooi gaar hoender 203
Hoender frikkadelle 204

Gesoute hoender *205*
Hoender in sesamolie... *206*
Hoender Sjerrie.. *207*
Hoender met sojasous.. *208*
Pittige gebakte hoender *209*
Hoender met spinasie... *210*
Lenterolletjies met hoender *211*

Bros beesvleis met kerriesous

Jy dra 4

1 geklitste eier
15 ml/1 e mielieblom (mieliestysel)
5 ml/1 teelepel natriumbikarbonaat (natriumbikarbonaat)
15 ml/1 e ryswyn of droë sjerrie
15 ml/1 eetlepel sojasous
225 g/8 ons maer beesvleis, in skywe gesny
90 ml/6 eetlepels olie
100g/4oz kerriepasta

Meng die eier, mieliemeel, koeksoda, wyn of sjerrie en sojasous. Roer die beesvleis en 15 ml/1 eetlepel olie by. Verhit die oorblywende olie en braai die bees- en eiermengsel vir 2 minute. Verwyder die vleis en dreineer die olie. Voeg die kerriepasta by die pan en bring tot kookpunt, plaas dan die beesvleis terug in die pan, meng goed en bedien.

Gestoofde beesvleiskerrie

Jy dra 4

45 ml/3 eetlepels grondboontjiebotter (grondboontjie) olie.

5 ml/1 teelepel sout

1 knoffelhuisie, fyngedruk

450g/1lb braaivleis, in blokkies gesny

4 sprietuie (sjabloon), in skywe gesny

1 sny gemmerwortel, gekap

30ml/2 e kerriepoeier

15 ml/1 e ryswyn of droë sjerrie

15 ml/1 eetlepel suiker

400 ml/14 fl oz/1 koppie beesvleisbouillon

15 ml/1 e mielieblom (mieliestysel)

45 ml/3 eetlepels water

Verhit die olie en braai die sout en knoffel tot bruin. Voeg die steak by en bedruip met olie, voeg dan die sprietuie en gemmer by en braai tot die vleis aan alle kante bruin is. Voeg die kerriepoeier by en braai vir 1 minuut. Voeg die wyn of sjerrie en suiker by, voeg dan die aftreksel by, bring tot kookpunt, bedek en prut vir sowat 35 minute tot die vleis sag is. Meng die mieliemeel en water tot 'n pasta, meng met die sous en kook, terwyl jy roer, totdat die sous verdik.

Geroosterde kerrie beesvleis

Jy dra 4

225 g/8 ons maer beesvleis

30 ml/2 eetlepels grondboontjiebotterolie (grondboontjiebotter).

1 groot ui, in skywe gesny

30ml/2 e kerriepoeier

1 sny gemmerwortel, gekap

15 ml/1 e ryswyn of droë sjerrie

120 ml/4 fl oz/¬Ω koppie beesvleisaftreksel

5 ml/1 teelepel suiker

15 ml/1 e mielieblom (mieliestysel)

45 ml/3 eetlepels water

Sny die vleis dun teen die graan. Verhit die olie en soteer die ui totdat dit deurskynend word. Voeg die kerrie en gemmer by en braai vir 'n paar sekondes. Voeg die beesvleis by en soteer tot bruin. Voeg die wyn of sjerrie en aftreksel by, bring tot kookpunt, bedek en prut vir sowat 5 minute tot die vleis gaar is. meng die suiker,

mieliemeel en water, kombineer in pan en kook, terwyl jy roer, tot sous verdik.

Beesvleis met knoffel

Jy dra 4

350 g/12 ons maer beesvleis, in skywe gesny
4 knoffelhuisies, in skywe gesny
1 rooi soetrissie, in skywe gesny
45 ml/3 eetlepels sojasous
45 ml/3 eetlepels grondboontjiebotter (grondboontjie) olie.
5 ml/1 teelepel mielieblom (mieliesstysel)
15 ml/1 eetlepel water

Meng die beesvleis met die knoffel, brandrissie en 30ml/2 e sojasous en laat rus vir 30 minute terwyl jy af en toe roer. Verhit die olie en braai die beesvleismengsel vir 'n paar minute tot amper gaar. Meng die oorblywende bestanddele tot 'n pasta, roer in die pan en braai verder tot die beesvleis gaar is.

Gemmer beesvleis

Jy dra 4

15 ml/1 eetlepel grondboontjieolie (grondboontjies).
450g/1lb maer beesvleis, in skywe gesny
1 ui, dun gesny
2 knoffelhuisies, fyngekap
2 stukke gekristalliseerde gemmer, dun gesny
15 ml/1 eetlepel sojasous
150 ml/¬° vir/ruim ¬Ω koppie water
2 stingels seldery, skuins gesny
5 ml/1 teelepel sout

Verhit die olie en braai die vleis, ui en knoffel tot ligbruin. Voeg die gemmer, sojasous en water by, bring tot kookpunt, bedek en prut vir 25 minute. Voeg die seldery by, bedek en kook vir nog 5 minute. Sprinkel sout oor voor opdiening.

Rooi gekookte beesvleis met gemmer

Jy dra 4

450g/1lb maer beesvleis
2 snye gemmerwortel, gekap
4 sprietuie (uie), gekap
120 ml/4 fl oz/¬Ω koppie sojasous
60 ml/4 eetlepels ryswyn of droë sjerrie
400 ml/14 fl oz/1 koppie water
15 ml/1 eetlepel bruinsuiker

Plaas al die bestanddele in 'n swaar pan, bring tot kookpunt, bedek en prut, draai af en toe om, totdat die vleis sag is, sowat 1 uur.

Beesvleis met groenbone

Jy dra 4

225g/8oz steak, dun gesny

30 ml/2 eetlepels mielieblom (mieliestysel)

15 ml/1 e ryswyn of droë sjerrie

15 ml/1 eetlepel sojasous

30 ml/2 eetlepels grondboontjiebotterolie (grondboontjiebotter).

2,5 ml/¬Ω teelepel sout

2 knoffelhuisies, fyngekap

225 g groenbone

225g/8oz bamboeslote, in skywe gesny

50 g sampioene, in skywe gesny

50 g waterkastaiings, in skywe gesny

150 ml/¬° pt/ohm koppie hoendersop

Plaas die steak in 'n bak. Meng 15 ml/1 eetlepel mieliestysel, wyn of sjerrie en sojasous, roer by vleis en marineer vir 30 minute. Verhit die olie met sout en knoffel en braai tot die knoffel ligbruin is. Voeg die beesvleis en marinade by en braai vir 4 minute. Voeg die bone by en soteer vir 2 minute. Voeg die ander bestanddele by, bring tot kookpunt en prut vir 4 minute. Meng die oorblywende mieliemeel met a 'n bietjie water en meng dit by die sous. Kook, roer, totdat die sous helder is en verdik.

Warm beesvleis

Jy dra 4

450g/1lb maer beesvleis

6 sprietuie (uie), in skywe gesny

4 skywe gemmerwortel

15 ml/1 e ryswyn of droë sjerrie

15 ml/1 eetlepel sojasous

4 gedroogde rooi brandrissies, gekap

10 peperkorrels

1 ster anys naeltjie

300 ml/¬Ω vir/1¬° koppies water

2,5 ml/¬Ω teelepel warmpeperolie

Sit die vleis in 'n bak met 2 sprietuie, 1 sny gemmer en die helfte van die wyn en laat marineer vir 30 minute. Bring 'n groot pot water tot kookpunt, voeg die beesvleis by en kook tot verseël aan alle kante verwyder dan en dreineer. Plaas die oorblywende sprietuie, gemmer en wyn of sjerrie in 'n pan saam met die brandrissies, peperkorrels en steranys en voeg die water by. Bring tot kookpunt, voeg die vleis by, bedek en prut vir sowat 40 minute tot die vleis sag is. Verwyder die vleis uit die vloeistof en dreineer goed. Sny dit dun en rangskik op 'n warm opdienbord. Dit word bedien besprinkel met brandrissie-olie.

Warm beesvleis straccetti

Jy dra 4

150 ml/¬° vir/ruim ¬Ω koppie grondboontjieolie (grondboontjies).
450g/1lb maer beesvleis, gesny teen die graan
45 ml/3 eetlepels sojasous
15 ml/1 e ryswyn of droë sjerrie
1 sny gemmerwortel, gekap
1 gedroogde rooi soetrissie, gekap
2 wortels, gekap
2 stingels seldery, skuins gesny

10 ml/2 tl sout

225 g/8 oz/1 koppie langkorrelige rys

Verhit twee derdes van die olie en smoor die beesvleis, sojasous en wyn of sjerrie vir 10 minute. Verwyder die vleis en behou die sous. Verhit die oorblywende olie en soteer die gemmer, soetrissie en wortels vir 1 minuut. Voeg die seldery by en soteer vir 1 minuut. Voeg die vleis en sout by en soteer vir 1 minuut.

Kook intussen die rys in kookwater vir sowat 20 minute tot sag. Dreineer goed en rangskik op 'n opdienbord. Gooi beesvleismengsel en warm sous oor.

Beesvleis met Mangetout

Jy dra 4

225 g/8 ons maer beesvleis

30 ml/2 eetlepels mielieblom (mieliesstysel)

5 ml/1 teelepel suiker

5 ml/1 teelepel sojasous

10 ml/2 tl ryswyn of droë sjerrie

30 ml/2 eetlepels grondboontjiebotterolie (grondboontjiebotter).

2,5 ml/¬Ω teelepel sout

2 snye gemmerwortel, gekap

225 g/8 ons sneeu-ertjies (ertjies)

60 ml/4 eetlepels beesvleisaftreksel

10 ml/2 teelepels water

varsgemaalde peper

Sny die vleis dun teen die graan. Meng die helfte van die mieliemeel, suiker, sojasous en wyn of sjerrie, voeg by die vleis en meng goed om te bedek. Verhit die helfte van die olie en soteer die sout en gemmer vir 'n paar sekondes. Voeg die sneeu-ertjies by en gooi om met olie te bedek. Voeg die aftreksel by, bring tot kookpunt en roer goed, verwyder dan die ertjies en vloeistof uit die pan. Verhit die oorblywende olie en braai die beesvleis tot ligbruin. Plaas die sneeu-ertjies terug in die pan. meng

die oorblywende mieliemeel met die water, meng in die pan en geur met peper. Kook, terwyl jy roer, totdat die sous verdik.

Gemarineerde beesvleis

Jy dra 4

450g/1lb braaivleis
75 ml/5 eetlepels sojasous
60 ml/4 eetlepels ryswyn of droë sjerrie
5 ml/1 teelepel sout
15 ml/1 e mielieblom (mieliestysel)
45 ml/3 eetlepels grondboontjiebotter (grondboontjie) olie.
15 ml/1 eetlepel bruinsuiker
15 ml/1 eetlepel wynasyn

Skep die steak op verskeie plekke en plaas in 'n bak. Meng die sojasous, wyn of sjerrie en sout, giet oor die vleis en laat rus vir 3 uur, draai af en toe om. Dreineer die vleis en gooi die marinade weg. Droog die vleis en bestrooi dit met mielieblom. Verhit die olie en braai die vleis tot bruin aan alle kante. Voeg die suiker en wynasyn en genoeg water by om die vleis te bedek. Bring tot kookpunt, bedek en prut vir sowat 1 uur tot die vleis sag is.

Beesvleis en gebraaide sampioene

Jy dra 4

225 g/8 ons maer beesvleis
15 ml/1 e mielieblom (mieliestysel)
15 ml/1 e ryswyn of droë sjerrie
15 ml/1 eetlepel sojasous
2,5 ml/¬Ω teelepel suiker
45 ml/3 eetlepels grondboontjiebotter (grondboontjie) olie.
1 sny gemmerwortel, gekap
2,5 ml/¬Ω teelepel sout
225 g sampioene, in skywe gesny
120 ml/4 fl oz/¬Ω koppie beesvleisaftreksel

Sny die vleis dun teen die graan. Meng die mieliemeel, wyn of sjerrie, sojasous en suiker, roer by die vleis en gooi goed om te bedek. Verhit die olie en braai die gemmer vir 1 minuut. Voeg die beesvleis by en soteer tot bruin. Voeg sout en sampioene by en meng goed. Voeg die sous by, bring tot kookpunt en kook, terwyl jy roer, totdat die sous verdik.

Gemarineerde beesvleis

Jy dra 4

450g/1lb maer beesvleis, in skywe gesny

2 knoffelhuisies, fyngekap

60 ml/4 eetlepels sojasous

15 ml/1 eetlepel bruinsuiker

5 ml/1 teelepel sout

30 ml/2 eetlepels grondboontjiebotterolie (grondboontjiebotter).

Sit die vleis in 'n bak en voeg die knoffel, sojasous, suiker en sout by. Meng goed, bedek en laat marineer vir ongeveer 2 uur, draai dit van tyd tot tyd om. Dreineer, gooi die marinade weg. Verhit die olie en braai die beesvleis tot bruin aan alle kante, bedien dan dadelik.

Gesmoorde Beesvleis Met Sampioene

Jy dra 4

1 kg beesvleis boud
sout en varsgemaalde peper
60 ml/4 eetlepels sojasous
30 ml/2 eetlepels hoisinsous
30 ml/2 lepels heuning
30 ml/2 eetlepels wynasyn
5 ml/1 teelepel varsgemaalde peper
5 ml/1 teelepel anys, gemaal
5 ml/1 teelepel gemaalde koljander
6 gedroogde Chinese sampioene
60 ml/4 eetlepels grondboontjieolie (grondboontjies).
5 ml/2 eetlepels mielieblom (mieliesstysel)
15 ml/1 eetlepel water
400g/14oz ingemaakte tamaties
6 sprietuie (uie), in repe gesny
2 wortels, gerasper
30 ml/2 eetlepels pruimsous
60 ml/4 eetlepels gekapte grasuie

Spies die vleis verskeie kere met 'n vurk. Geur met sout en peper en plaas in 'n bak. Meng die souse, heuning, wynasyn, peper en speserye, giet oor die vleis, bedek en laat oornag in yskas marineer.

Week die sampioene vir 30 minute in warm water en dreineer dan. Gooi die stingels weg en sny die doppies af. Verhit die olie en braai die vleis tot bruin, draai gereeld om. Meng die mieliemeel en water en voeg by die pan met die tamaties. Bring tot kookpunt, bedek en prut vir sowat 1 Ω uur tot sag. Voeg die sprietuie en wortels by en kook verder vir 10 minute totdat die wortels sag is. Roer die pruimsous by en prut vir 2 minute. Verwyder die vleis uit die sous en sny in dik skywe. Keer terug na die sous om warm te word en bedien dan besprinkel met grasuie.

Roergebraaide beesvleis met noedels

Jy dra 4

100g/4oz dun eiernoedels

30 ml/2 eetlepels grondboontjiebotterolie (grondboontjiebotter).

225 g/8 ons maer beesvleis, gemaal

30 ml/2 eetlepels sojasous

15 ml/1 e ryswyn of droë sjerrie

2,5 ml/¬Ω teelepel sout

2,5 ml/¬Ω teelepel suiker

120 ml/4 fl oz/¬Ω koppie water

Week die noedels tot effens sag, dreineer dan en sny in 7,5 cm lengtes. Verhit die helfte van die olie en braai die vleis tot bruin. Voeg die sojasous, wyn of sjerrie, sout en suiker by en soteer vir 2 minute, haal dan uit die pan. Verhit die oorblywende olie en kook die noedels tot bedek met olie. Plaas die beesvleismengsel terug in die pan, voeg die water by en bring tot kookpunt. Kook en kook vir sowat 5 minute totdat die vloeistof geabsorbeer is.

Beesvleis met rysnoedels

Jy dra 4

4 gedroogde Chinese sampioene

30 ml/2 eetlepels grondboontjiebotterolie (grondboontjiebotter).

2,5 ml/½ teelepel sout

225 g/8 ons maer beesvleis, in skywe gesny

100g bamboeslote, in skywe gesny

100g/4oz seldery, in skywe gesny

1 ui, in skywe gesny

120 ml/4 fl oz/½ koppie beesvleisaftreksel

2,5 ml/½ teelepel suiker

10 ml/2 eetlepels mielieblom (mieliestysel)

5 ml/1 teelepel sojasous

15 ml/1 eetlepel water

100g/4oz rysnoedels

die gebraaide olie

Week die sampioene vir 30 minute in warm water en dreineer dan. Gooi die stingels weg en sny die doppies af. Verhit die helfte van die olie en braai die sout en vleis tot ligbruin, haal dan uit die pan. Verhit die res van die olie en soteer die groente tot sag. Roer die sous en suiker by en bring tot kookpunt. Plaas die beesvleis terug in die pan, bedek en kook vir 3 minute. Meng die mieliemeel, sojasous en water, voeg by die pan en kook, terwyl jy roer, totdat die mengsel verdik. Braai intussen die rysnoedels in warm olie vir 'n paar sekondes tot pofferig en bros en sit voor oor die vleis.

Beesvleis met uie

Jy dra 4

60 ml/4 eetlepels grondboontjieolie (grondboontjies).
300 g maer beesvleis, in repe gesny
100 g ui, in repe gesny
15 ml/1 e hoenderbouillon
5 ml/1 teelepel ryswyn of droë sjerrie
5 ml/1 teelepel suiker
5 ml/1 teelepel sojasous
sout
sesamolie

Verhit die olie en braai die vleis en ui oor hoë hitte tot dit ligbruin is. Roer die aftreksel, wyn of sjerrie, suiker en sojasous by en braai vinnig tot goed gemeng. Geur na smaak met sout en sesamolie voor opdiening.

Beesvleis en ertjies

Jy dra 4

30 ml/2 eetlepels grondboontjiebotterolie (grondboontjiebotter).
450g/1lb maer beesvleis, in blokkies gesny
2 uie, in skywe gesny
2 selderystokkies, in skywe gesny
100 g vars of bevrore ertjies, ontdooi
250 ml/8 fl oz/1 koppie hoenderaftreksel
15 ml/1 eetlepel sojasous
15 ml/1 e mielieblom (mieliestysel)

Verhit die olie en braai die vleis tot dit ligbruin is. Voeg die ui, seldery en ertjies by en kook vir 2 minute. Voeg aftreksel en sojasous by, bring tot kookpunt, bedek en prut vir 10 minute. Meng die mieliestysel met 'n bietjie water en voeg dit by die sous. Kook, roer, totdat die sous helder is en verdik.

Soteer uie bees draf

Jy dra 4

225 g/8 ons maer beesvleis
2 sprietuie (uie), gekap
30 ml/2 eetlepels sojasous
30 ml/2 eetlepels ryswyn of droë sjerrie
30 ml/2 eetlepels grondboontjiebotterolie (grondboontjiebotter).
1 knoffelhuisie, fyngedruk
5 ml/1 teelepel wynasyn
'n paar druppels sesamolie

Sny die beesvleis in dun skywe teen die graan. Meng die sprietuie, sojasous en wyn of sjerrie, meng met die vleis en laat rus vir 30 minute. Dreineer, gooi die marinade weg. Verhit die olie en braai die knoffel tot ligbruin. Voeg die beesvleis by en soteer tot bruin. Voeg die asyn en sesamolie by, bedek en kook vir 2 minute.

Beesvleis met gedroogde lemoenskil

Jy dra 4

450g/1lb maer beesvleis, in dun skywe gesny

5 ml/1 teelepel sout

die gebraaide olie

30 ml/2 eetlepels grondboontjiebotterolie (grondboontjiebotter).

100 g gedroogde lemoenskil

2 gedroogde warm soetrissies, fyn gekap

5 ml/1 teelepel varsgemaalde peper

45 ml/3 e beesvleisaftreksel

2,5 ml/¬Ω teelepel suiker

15 ml/1 e ryswyn of droë sjerrie

5 ml/1 teelepel wynasyn

2,5 ml/¬Ω teelepel sesamolie

Sprinkel die beesvleis met sout en laat dit vir 30 minute sit. Verhit die olie en braai die vleis tot halfgaar. Haal uit en dreineer goed. Verhit die olie en soteer die lemoenskil, brandrissie en soetrissie vir 1 minuut. Voeg die vleis en aftreksel by en bring tot kookpunt. Voeg die suiker en wynasyn by en kook tot baie van die vloeistof oorbly. Roer die wynasyn en sesamolie by en meng goed. Dit word op 'n bed van slaaiblare bedien.

Beesvleis met oestersous

Jy dra 4

15 ml/1 eetlepel grondboontjieolie (grondboontjies).
2 knoffelhuisies, fyngekap
1 lb/450 g rump steak, in skywe gesny
100 g sampioene
15 ml/1 e ryswyn of droë sjerrie
150 ml/¬° pt/ohm koppie hoendersop
30 ml/2 eetlepels oestersous
5 ml/1 teelepel bruinsuiker
sout en varsgemaalde peper
4 sprietuie (sjabloon), in skywe gesny
15 ml/1 e mielieblom (mieliestysel)

Verhit die olie en braai die knoffel tot ligbruin. Voeg die steak en sampioene by en braai tot ligbruin. Voeg die wyn of sjerrie by en prut vir 2 minute. Voeg die sous, oestersous en suiker by en geur met sout en peper. Bring tot kookpunt en kook, terwyl jy af en toe roer, vir 4 minute. Voeg sprietuie by. Meng die mieliestysel met 'n bietjie water en meng dit in die pan. Kook, roer, totdat die sous helder is en verdik.

Beesvleis met soetrissies

Jy dra 4

350 g/12 ons maer beesvleis, in repe gesny
75 ml/5 eetlepels sojasous
75 ml/5 eetlepels grondboontjieolie (grondboontjies).
5 ml/1 teelepel mielieblom (mieliesstysel)
75 ml/5 eetlepels water
2 uie, in skywe gesny
5 ml/1 teelepel oestersous
varsgemaalde peper
noedelmandjies

Marineer beesvleis in sojasous, 15 ml/1 e olie, mieliestysel en water vir 1 uur. Haal die vleis uit die marinade en dreineer goed. Verhit die oorblywende olie en soteer die vleis en ui tot ligbruin. Voeg die marinade en die oestersous by en geur mildelik met peper. Bring tot kookpunt, bedek en prut vir 5 minute, roer af en toe. Sit voor saam met noedelmandjies.

Peper steak

Jy dra 4

45 ml/3 eetlepels grondboontjiebotter (grondboontjie) olie.

5 ml/1 teelepel sout

2 knoffelhuisies, fyngekap

1 lb/450g lendebiefstuk, in dun skywe gesny

1 ui, in skywe gesny

2 groenrissies, grof gekap

120 ml/4 fl oz/¬Ω koppie beesvleisaftreksel

5 ml/1 teelepel bruinsuiker

5 ml/1 teelepel ryswyn of droë sjerrie

sout en varsgemaalde peper

30 ml/2 eetlepels mieliebom (mieliesstysel)

30 ml/2 eetlepels sojasous

Verhit die olie met sout en knoffel tot die knoffel ligbruin is, voeg dan die steak by en braai tot bruin aan alle kante. Voeg die ui en soetrissies by en soteer vir 2 minute. Voeg die aftreksel, suiker, wyn of sjerrie by en geur met sout en peper. Bring tot kookpunt, bedek en prut vir 5 minute. Meng die mieliemeel en sojasous en roer by die sous. Prut, terwyl jy roer, totdat die sous opklaar en verdik, voeg 'n bietjie water by soos nodig om die sous die konsekwentheid te maak wat jy verkies.

Beesvleis met soetrissies

Jy dra 4

350 g/12 ons maer beesvleis, in dun skywe gesny
3 rooi brandrissies, ontpit en gekap
3 sprietuie (uie), in klein stukkies gesny
2 knoffelhuisies, fyngekap
15 ml/1 eetlepel swartboontjiesous
1 wortel, in skywe gesny
3 groen soetrissies, in stukke gesny
sout
15 ml/1 eetlepel grondboontjieolie (grondboontjies).
5 ml/1 teelepel sojasous
45 ml/3 eetlepels water
5 ml/1 teelepel ryswyn of droë sjerrie
5 ml/1 teelepel mielieblom (mieliesstysel)

Marineer beesvleis in brandrissie, sprietuie, knoffel, swartboontjiesous en wortel vir 1 uur. Kook die soetrissies vir 3 minute in kookwater met sout en dreineer dan goed. Verhit die olie en braai die beesvleismengsel vir 2 minute. Voeg die soetrissies by en soteer vir 3 minute. Voeg die sojasous, water en wyn of sjerrie by. Meng die mieliestysel met 'n bietjie water, gooi in die pan en kook, terwyl jy roer, totdat die sous verdik.

Braaivleisrepies met groenrissies

Jy dra 4

225 g/8 ons maer beesvleis, gemaal
1 eierwit
15 ml/1 e mielieblom (mieliestysel)
2,5 ml/½ teelepel sout
5 ml/1 teelepel ryswyn of droë sjerrie
2,5 ml/½ teelepel suiker
die gebraaide olie
30 ml/2 eetlepels grondboontjiebotterolie (grondboontjiebotter).
2 rooi brandrissies, in blokkies gesny
2 snye gemmerwortel, gekap
15 ml/1 eetlepel sojasous
2 groot groen soetrissies, in blokkies gesny

Sit die vleis in 'n bak met eierwit, mieliestysel, sout, wyn of sjerrie en suiker en laat marineer vir 30 minute. Verhit die olie en braai die vleis tot ligbruin. Haal uit pan en dreineer goed. Verhit die olie en soteer die brandrissies en gemmer vir 'n paar sekondes. Voeg die beesvleis en sojasous by en soteer tot sag. Voeg groen brandrissies by, meng goed en braai vir 2 minute. Bedien dadelik.

Beesvleis met Chinese piekels

Jy dra 4

100 g Chinese piekels, gekap
450g/1lb maer steak, gesny teen die graan
30 ml/2 eetlepels sojasous
5 ml/1 teelepel sout
2,5 ml/¬Ω teelepel varsgemaalde peper
60 ml/4 eetlepels grondboontjieolie (grondboontjies).
15 ml/1 e mielieblom (mieliestysel)

Meng al die bestanddele goed en plaas in 'n oondvaste bak. Plaas die gereg op 'n rak in 'n stoomoond, bedek en kook oor kookwater vir 40 minute tot die vleis gaar is.

Steak met aartappels

Jy dra 4

450g/1lb steak

60 ml/4 eetlepels grondboontjieolie (grondboontjies).

5 ml/1 teelepel sout

2,5 ml/½ teelepel varsgemaalde peper

1 ui, gekap

1 knoffelhuisie, fyngedruk

225 g/8 ons aartappels, in blokkies gesny

175 ml/6 fl oz/¾ koppie beesvleisaftreksel

250 ml/8 fl oz/1 koppie gekapte selderyblare

30 ml/2 eetlepels mielieblom (mieliesstysel)

15 ml/1 eetlepel sojasous

60 ml/4 eetlepels water

Sny die steak in repe en dan in dun vlokkies teen die graan. Verhit die olie en braai die steak, sout, peper, ui en knoffel tot bruin. Voeg die aartappels en aftreksel by, bring tot kookpunt, bedek en prut vir 10 minute. Voeg die selderyblare by en kook vir sowat 4 minute tot sag. Meng die mieliemeel, sojasous en water tot 'n pasta, voeg by die pan en kook, terwyl jy roer, totdat die sous opklaar en verdik.

Rooi gekookte beesvleis

Jy dra 4

450g/1lb maer beesvleis
120 ml/4 fl oz/¬Ω koppie sojasous
60 ml/4 eetlepels ryswyn of droë sjerrie
15 ml/1 eetlepel bruinsuiker
375 ml/13 fl oz/1¬Ω waterkoppies

Plaas die beesvleis, sojasous, wyn of sjerrie en suiker in 'n swaarboompan en bring tot kookpunt. Bedek en kook vir 10 minute, draai een of twee keer om. Roer die water by en bring tot kookpunt. Bedek en prut vir sowat 1 uur tot die vleis sag is, voeg 'n bietjie kookwater by soos nodig tydens kook as die vleis te droog word. Bedien warm of koud.

Lekker beesvleis

Jy dra 4

30 ml/2 eetlepels grondboontjiebotterolie (grondboontjiebotter).
450g/1lb maer beesvleis, in blokkies gesny
2 sprietuie (uie), in skywe gesny
2 knoffelhuisies, fyngekap
1 sny gemmerwortel, gekap
2 steranys naeltjies, fyngemaak
250 ml/8 fl oz/1 koppie sojasous
30 ml/2 eetlepels ryswyn of droë sjerrie
30 ml/2 e bruinsuiker
5 ml/1 teelepel sout
600 ml/1 pt/2¬Ω waterkoppies

Verhit die olie en braai die vleis tot ligbruin. Dreineer die oortollige olie en voeg die sprietuie, knoffel, gemmer en anys by en soteer vir 2 minute. Voeg die sojasous, wyn of sjerrie, suiker en sout by en meng goed. Voeg die water by, bring tot kookpunt, bedek en prut vir 1 uur. Haal die deksel af en prut tot die sous verminder.

Maalvleis

Jy dra 4

750g/1¬Ω lb maer beesvleis, in blokkies gesny
250 ml/8 fl oz/1 koppie beesvleisaftreksel
120 ml/4 fl oz/¬Ω koppie sojasous
60 ml/4 eetlepels ryswyn of droë sjerrie
45 ml/3 eetlepels grondboontjiebotter (grondboontjie) olie.

Plaas die beesvleis, aftreksel, sojasous en wyn of sjerrie in 'n swaarboompan. Bring tot kookpunt en kook, terwyl jy roer, totdat die vloeistof verdamp het. Laat afkoel en verkoel dan. Sny die vleis met twee vurke. Verhit die olie, voeg dan die vleis by en braai vinnig tot bedek met olie. Gaan voort om oor matige hitte te kook totdat die vleis heeltemal droog is. Laat afkoel en bedien saam met noedels of rys.

Familie styl beesvleis

Jy dra 4

225 g/8 ons gemaalde beesvleis
15 ml/1 eetlepel sojasous
15 ml/1 eetlepel oestersous
45 ml/3 eetlepels grondboontjiebotter (grondboontjie) olie.
1 sny gemmerwortel, gekap
1 rooi soetrissie, gekap
4 stingels seldery, skuins gesny
15 ml/1 eetlepel warm boontjiesous
5 ml/1 teelepel sout
15 ml/1 e ryswyn of droë sjerrie
5 ml/1 teelepel sesamolie
5 ml/1 teelepel wynasyn
varsgemaalde peper

Plaas die vleis in 'n bak met die sojasous en oestersous en laat marineer vir 30 minute. Verhit die olie en braai die vleis tot dit ligbruin is, haal dit dan uit die pan. Voeg die gemmer en brandrissie by en braai vir 'n paar sekondes. Voeg die seldery by en soteer tot halfgaar. Voeg die beesvleis, warm boontjiesous en sout by en meng goed. Voeg die wyn of sjerrie, sesamolie en asyn by en soteer tot die vleis sag is en die bestanddele goed gemeng is. Dit word bedien besprinkel met peper.

Gegeurde maalvleis

Jy dra 4

90 ml/6 eetlepels grondboontjiebotter (grondboontjie) olie.
450 g maer beesvleis, in repe gesny
50g/2oz brandrissieboontjiepasta
varsgemaalde peper
15 ml/1 eetlepel gemaalde gemmerwortel
30 ml/2 eetlepels ryswyn of droë sjerrie
225 g/8 oz seldery, in blokkies gesny
30 ml/2 eetlepels sojasous
5 ml/1 teelepel suiker
5 ml/1 teelepel wynasyn

Verhit die olie en braai die vleis tot bruin. Voeg die rissieboonpasta en soetrissies by en braai vir 3 minute. Voeg die gemmer, wyn of sjerrie en seldery by en meng goed. Voeg sojasous, suiker en asyn by en soteer vir 2 minute.

Gemarineerde beesvleis met spinasie

Jy dra 4

450g/1lb maer beesvleis, in dun skywe gesny
45 ml/3 e ryswyn of droë sjerrie
15 ml/1 eetlepel sojasous
5 ml/1 teelepel suiker
2,5 ml/¬Ω teelepel sesamolie
450g/1lb spinasie
45 ml/3 eetlepels grondboontjiebotter (grondboontjie) olie.
2 snye gemmerwortel, gekap
30ml/2 e beesvleisaftreksel
5 ml/1 teelepel mielieblom (mieliesstysel)

Druk die vleis effens plat deur met jou vingers te druk. Roer die wyn of sjerrie, sojasous, sjerrie en sesamolie by. Voeg die beesvleis by, bedek en verkoel vir 2 uur terwyl jy af en toe roer.

Sny die spinasieblare in groot stukke en die stingels in dik skywe. Verhit 30 ml/2 e olie en soteer die spinasie en gemmerstingels vir 2 minute. Verwyder uit pan.

Verhit die oorblywende olie. Dreineer die beesvleis, behou die marinade. Voeg die helfte van die vleis by die pan, spasieer die snye sodat hulle nie oorvleuel nie. Kook vir sowat 3 minute totdat hulle ligbruin aan albei kante is. Haal uit die pan en braai die oorblywende beesvleis, verwyder dan uit die pan. Kombineer die sous en mieliestysel met die marinade. Voeg die mengsel by die pan en bring tot kookpunt. Voeg die spinasieblare, stingels en gemmer by. Kook vir sowat 3 minute totdat die spinasie verwelk, voeg dan die vleis by. Kook vir nog 'n minuut en bedien dan dadelik.

Swartboontjiebeesvleis met sprietuie

Jy dra 4

225 g/8 ons maer beesvleis, in dun skywe gesny
1 eier, liggies geklits
5 ml/1 teelepel ligte sojasous
2,5 ml/½ teelepel ryswyn of droë sjerrie
2,5 ml/½ teelepel mieliemeel (mieliestysel)
250 ml/8 fl oz/1 koppie grondboontjieolie (grondboontjies).
2 knoffelhuisies, fyngekap
30ml/2 e swartboontjiesous
15 ml/1 eetlepel water
6 sprietuie (uie), skuins gesny
2 snye gemmerwortel, gekap

Meng die vleis met die eier, sojasous, wyn of sjerrie en mieliestysel. Laat rus vir 10 minute. Verhit die olie en braai die vleis tot amper gaar. Haal uit pan en dreineer goed. Gooi alles behalwe 15 ml/1 eetlepel olie in, verhit en soteer dan knoffel en swartboontjiesous vir 30 sekondes. Voeg die vleis en water by en braai vir sowat 4 minute tot die vleis sag is.

Verhit intussen nog 15 ml/1 eetlepel olie en soteer die sprietuie en gemmer kortliks. Gooi die vleis op 'n verhitte bord, garneer met sprietuie en bedien.

Geroosterde beesvleis met sprietuie

Jy dra 4

45 ml/3 eetlepels grondboontjiebotter (grondboontjie) olie.
225 g/8 ons maer beesvleis, in dun skywe gesny
8 sprietuie (uie), in skywe gesny
75 ml/5 eetlepels sojasous
15 ml/1 e ryswyn of droë sjerrie
30 ml/2 eetlepels sesamolie

Verhit die olie en soteer die vleis en ui tot ligbruin. Voeg die sojasous en wyn of sjerrie by en braai tot die vleis gaar is na jou smaak. Roer die sesamolie by voor opdiening.

Beesvleis en sprietuie met vissous

Jy dra 4

350 g/12 ons maer beesvleis, in dun skywe gesny

15 ml/1 e mielieblom (mieliestysel)

15 ml/1 eetlepel water

2,5 ml/½ teelepel ryswyn of droë sjerrie

'n knippie natriumbikarbonaat (natriumbikarbonaat)

n knippie sout

45 ml/3 eetlepels grondboontjiebotter (grondboontjie) olie.

6 sprietuie (uie), in 5 cm/2 stukke gesny

2 knoffelhuisies, fyngekap

2 skywe gemmer, gekap

5 ml/1 e vissous

2,5 ml/½ teelepel oestersous

Marineer die vleis in mieliestysel, water, wyn of sjerrie, koeksoda en sout vir 1 uur. Verhit 30 ml/ 2 eetlepels olie en braai die vleis met half sprietuie, half knoffel en gemmer tot goed bruin. Verhit intussen die orige olie en braai die oorblywende sprietuie, knoffel en gemmer saam met die vissous en oestersous tot sag. Meng die twee en verhit weer voor opdiening.

Gestoomde beesvleis

Jy dra 4

450g/1lb maer beesvleis, in skywe gesny

5 ml/1 teelepel mielieblom (mieliesstysel)

2 snye gemmerwortel, gekap

15 ml/1 eetlepel sojasous

15 ml/1 e ryswyn of droë sjerrie

2,5 ml/½ teelepel sout

2,5 ml/½ teelepel suiker

15 ml/1 eetlepel grondboontjieolie (grondboontjies).

2 sprietuie (uie), gekap

15 ml/1 eetlepel gekapte platblaar pietersielie

Sit die vleis in 'n bak. Meng die mieliemeel, gemmer, sojasous, wyn of sjerrie, sout en suiker en roer by die vleis. Laat staan vir 30 minute, roer van tyd tot tyd. Rangskik die beesvleisskywe in 'n vlak oondbak en gooi met die olie en sprietuie. Kook op 'n rooster oor kookwater vir sowat 40 minute tot die vleis gaar is. Dit word bedien besprinkel met pietersielie.

Beesbredie

Jy dra 4

15 ml/1 eetlepel grondboontjieolie (grondboontjies).

1 knoffelhuisie, fyngedruk

1 sny gemmerwortel, gekap

450g/1lb gebraaide steak, in blokkies gesny

45 ml/3 eetlepels sojasous

30 ml/2 eetlepels ryswyn of droë sjerrie

15 ml/1 eetlepel bruinsuiker

300 ml/½ vir/1¼ koppies hoendersop

2 uie, in skywe gesny

2 wortels, dik gesny

100 g kool, gekap

Verhit die olie saam met die knoffel en gemmer en braai tot die knoffel ligbruin is. Voeg die steak by en braai vir 5 minute tot bruin. Voeg die sojasous, wyn of sjerrie en suiker by, bedek en prut vir 10 minute. Voeg die aftreksel by, bring tot kookpunt, bedek en prut vir sowat 30 minute. Voeg die ui, wortels en kool by, bedek en kook vir nog 15 minute.

Gesmoorde bors

Jy dra 4

450g/1lb beesvleisbors

45 ml/3 eetlepels grondboontjiebotter (grondboontjie) olie.

3 sprietuie (uie), in skywe gesny

2 snye gemmerwortel, gekap

1 knoffelhuisie, fyngedruk

120 ml/4 fl oz/½ koppie sojasous

5 ml/1 teelepel suiker

45 ml/3 e ryswyn of droë sjerrie

3 snye steranys

4 wortels, in blokkies gesny

225 g/8 ons bok choy

15 ml/1 e mielieblom (mieliestysel)

45 ml/3 eetlepels water

Sit die vleis in 'n pan en bedek net met water. Bring tot kookpunt, bedek en prut vir sowat 1 ½ uur tot die vleis sag is. Haal uit pan en dreineer goed. Sny in 1 duim/1 cm-blokkies en behou 250 ml/8 fl oz/1 koppie aftreksel.

Verhit die olie en braai die sprietuie, gemmer en knoffel vir 'n paar sekondes. Voeg die sojasous, suiker, wyn of sjerrie en steranys by en meng goed. Voeg die beesvleis en gereserveerde aftreksel by. Bring tot kookpunt, bedek en prut vir 20 minute. Kook intussen bok choy in kookwater tot sag. Plaas die vleis en groente oor na 'n warm opdienskottel. Meng die mieliemeel en water tot 'n pasta, kombineer met die sous en kook, terwyl jy roer, totdat die sous opklaar en verdik. Gooi oor beesvleis en sit voor saam met bok choy.

Geroosterde beesvleis

Jy dra 4

225 g/8 ons maer beesvleis

45 ml/3 eetlepels grondboontjiebotter (grondboontjie) olie.

1 sny gemmerwortel, gekap

2 knoffelhuisies, fyngekap

2 sprietuie (uie), gekap

50 g sampioene, in skywe gesny

1 rooi soetrissie, in skywe gesny

225 g blomkoolblommetjies

50 g/2 ons sneeu-ertjies (ertjies)

30 ml/2 eetlepels sojasous

15 ml/1 e mielieblom (mieliestysel)

15 ml/1 e ryswyn of droë sjerrie

120 ml/4 fl oz/¬Ω koppie beesvleisaftreksel

Sny die vleis dun teen die graan. Verhit die helfte van die olie en soteer die gemmer, knoffel en sprietuie tot ligbruin. Voeg die beesvleis by en braai tot bruin, haal dan uit die pan. Verhit die oorblywende olie en soteer die groente totdat dit met olie bedek is. Roer die aftreksel by, bring tot kookpunt, bedek en kook tot die groente sag maar nog krakerig is. Meng die sojasous, mieliemeel en wyn of sjerrie en roer by die pan. Kook, terwyl jy roer, totdat die sous verdik.

Steak Strips

Jy dra 4

450g/1lb rump steak
120 ml/4 fl oz/¬Ω koppie sojasous

120 ml/4 fl oz/¬Ω koppie hoenderaftreksel
1 cm/¬Ω per gemmerwortelskyf
2 knoffelhuisies, fyngekap
30 ml/2 eetlepels ryswyn of droë sjerrie
15 ml/1 eetlepel bruinsuiker
15 ml/1 eetlepel grondboontjieolie (grondboontjies).

Maak die steak ferm in die vrieskas en sny dan in lang, dun skywe. Meng al die ander bestanddele en marineer die steak vir sowat 6 uur in die mengsel. Plaas die steak op geweekte houtstokkies en rooster vir 'n paar minute tot gaar na jou smaak, borsel af en toe met die marinade.

Gestoomde beesvleis met patats

Jy dra 4

450g/1lb maer beesvleis, in dun skywe gesny
15 ml/1 eetlepel swartboontjiesous
15 ml/1 eetlepel soetboontjiesous

15 ml/1 eetlepel sojasous

5 ml/1 teelepel suiker

2 snye gemmerwortel, gekap

2 patats, in blokkies gesny

30 ml/2 eetlepels grondboontjiebotterolie (grondboontjiebotter).

100g/4oz broodkrummels

15 ml/1 eetlepel sesamolie

3 sprietuie (ui), fyn gekap

Sit die vleis in 'n bak saam met die boontjiesouse, sojasous, suiker en gemmer en laat marineer vir 30 minute. Verwyder die beesvleis uit die marinade en voeg die patats by. Laat rus vir 20 minute. Rangskik die aartappels op die basis van 'n klein bamboes-stoomboot. Rol die vleis in broodkrummels en plaas bo-op die aartappels. Bedek en kook oor kookwater vir 40 minute.

Verhit die sesamolie en braai die sprietuie vir 'n paar sekondes. Gooi oor die vleis en bedien.

Beeshaas

Jy dra 4

450g/1lb maer beesvleis

45 ml/3 e ryswyn of droë sjerrie

15 ml/1 eetlepel sojasous

10 ml/2 eetlepels oestersous

5 ml/1 teelepel suiker

5 ml/1 teelepel mielieblom (mieliestysel)

2,5 ml/¬Ω teelepel natriumbikarbonaat (natriumbikarbonaat)

n knippie sout

1 knoffelhuisie, fyngedruk

30 ml/2 eetlepels grondboontjiebotterolie (grondboontjiebotter).

2 uie, dun gesny

Sny die vleis oor die graan in dun skywe. Roer die wyn of sjerrie, sojasous, oestersous, suiker, karringmelk, koeksoda, sout en knoffel by. Roer die vleis, bedek en verkoel vir minstens 3 uur. Verhit die olie en braai die ui vir sowat 5 minute tot goudbruin. Plaas oor na 'n warm bord en hou warm. Voeg 'n bietjie vleis by die wok, spasieer die snye sodat hulle nie oorvleuel nie. Braai vir sowat 3 minute aan elke kant tot bruin, rangskik dan die uie bo-op en braai verder die oorblywende vleis.

Geroosterde beesbrood

Jy dra 4

4 snye maer beesvleis

1 geklitste eier

50 g/2 oz/¬Ω koppie okkerneute, gekap

4 snye brood

die gebraaide olie

Druk die beesvleisskywe plat en smeer dit goed met eier. Sprinkel okkerneute oor en plaas 'n sny brood bo-op. Verhit die olie en braai die beesvleis en broodskywe vir sowat 2 minute. Verwyder uit olie en laat afkoel. Verhit die olie en braai weer tot goudbruin.

Bees Tofu Rissie Tofu

Jy dra 4

225 g/8 ons maer beesvleis, gemaal

1 eierwit

2,5 ml/¬Ω teelepel sesamolie

5 ml/1 teelepel mielieblom (mieliesstysel)

'n knippie sout

250 ml/8 fl oz/1 koppie grondboontjieolie (grondboontjies).

100g/4oz droë tofu, in repe gesny

5 rooi brandrissies, in repe gesny

15 ml/1 eetlepel water

1 sny gemmerwortel, gekap

10 ml/2 teelepels sojasous

Meng die beesvleis met die eierwit, die helfte van die sesamolie, mieliestysel en sout. Verhit die olie en braai die vleis tot amper gaar. Verwyder uit pan. Voeg die tofu by die pan en braai vir 2 minute, haal dan uit die pan. Voeg die brandrissie by en braai vir 1 minuut. Plaas die tofu terug in die pan met die water, gemmer en sojasous en meng goed. Voeg die vleis by en soteer tot goed gehomogeniseer. Sit voor besprinkel met die oorblywende sesamolie.

Beesvleis met tamaties

Jy dra 4

30 ml/2 eetlepels grondboontjiebotterolie (grondboontjiebotter).

3 sprietuie (uie), in klein stukkies gesny

225 g/8 ons maer beesvleis, in repe gesny

60 ml/4 eetlepels beesvleisaftreksel

15 ml/1 e mielieblom (mieliestysel)

45 ml/3 eetlepels water

4 tamaties, geskil en in kwarte gesny

Verhit die olie en soteer die sprietuie tot sag. Voeg die beesvleis by en soteer tot bruin. Roer die aftreksel by, bring tot kookpunt, bedek en prut vir 2 minute. Meng die mieliemeel en water, meng in die pan en kook, terwyl jy roer, totdat die sous verdik. Roer die tamaties by en kook tot deurwarm.

Rooi beesvleis gaargemaak met raap

Jy dra 4

450g/1lb maer beesvleis

1 sny gemmerwortel, gekap

1 sprietuie (ui), gekap 120 ml/4 fl oz/¬Ω koppie ryswyn of droë sjerrie

250 ml/8 fl oz/1 koppie water

2 snye steranys

1 klein raap, in blokkies gesny

120 ml/4 fl oz/¬Ω koppie sojasous
15 ml/1 eetlepel suiker

Plaas die beesvleis, gemmer, sprietuie, wyn of sjerrie, water en anys in 'n swaarboomkastrol, bring tot kookpunt, bedek en prut vir 45 minute. Voeg die raap, sojasous en suiker en 'n bietjie water by indien nodig, bring weer tot kookpunt, bedek en prut vir 'n verdere 45 minute tot die vleis sag is. Laat afkoel. Verwyder die beesvleis en raap uit die sous. Sny die beesvleis en rangskik op 'n opdienbord saam met die raap. Syg die sous oor en sit koud voor.

Beesvleis met groente

Jy dra 4

225 g/8 ons maer beesvleis
15 ml/1 e mielieblom (mieliestysel)
15 ml/1 eetlepel sojasous
15 ml/1 e ryswyn of droë sjerrie
2,5 ml/¬Ω teelepel suiker
45 ml/3 eetlepels grondboontjiebotter (grondboontjie) olie.
1 sny gemmerwortel, gekap
2,5 ml/¬Ω teelepel sout

100 g ui, in skywe gesny

2 selderystokkies, in skywe gesny

1 rooi soetrissie, in skywe gesny

100g bamboeslote, in skywe gesny

100g/4oz wortels, in skywe gesny

120 ml/4 fl oz/¬Ω koppie beesvleisaftreksel

Sny die beesvleis dun teen die graan en plaas in 'n bak. Meng die mieliemeel, sojasous, wyn of sjerrie en suiker, gooi oor die beesvleis en gooi om te bedek. Laat rus vir 30 minute, draai af en toe om. Verhit die helfte van die olie en braai die beesvleis tot bruin, haal dan uit die pan. Verhit die oorblywende olie, voeg die gemmer en sout by, voeg dan die groente by en soteer tot bedek met olie. Roer die aftreksel by, bring tot kookpunt, bedek en kook tot die groente sag maar nog krakerig is. Plaas die beesvleis terug in die pan en roer oor lae hitte vir sowat 1 minuut om deur te warm.

Beesbredie

Jy dra 4

350g/12oz beesvleisrol

30 ml/2 e suiker

30 ml/2 eetlepels ryswyn of droë sjerrie

30 ml/2 eetlepels sojasous

5 ml/1 teelepel kaneel

2 sprietuie (uie), gekap

1 sny gemmerwortel, gekap

45 ml/3 eetlepels sesamolie

Bring 'n kastrol met water tot kookpunt, voeg die beesvleis by, laat die water weer kook en bring vinnig tot kookpunt om die beesvleis te seël. Verwyder uit pan. Plaas die beesvleis in 'n skoon pan en voeg al die ander bestanddele by, behou 15 ml/1 eetlepel sesamolie. Vul die kastrol met genoeg water om die vleis te bedek, bring tot kookpunt, bedek en prut liggies vir sowat 1 uur tot die vleis sag is. Bedruip met oorblywende sesamolie voor opdiening.

Gevulde steak

Gedeelte 4-6

675g/1½ lb rump steak in een stuk

60 ml/4 eetlepels wynasyn

30 ml/2 e suiker

10 ml/2 teelepels sojasous

2,5 ml/½ teelepel varsgemaalde peper

2,5 ml/½ teelepel heel naeltjies

5 ml/1 teelepel gemaalde kaneel

1 lourierblaar, fyngedruk

225g/8oz langkorrelige rys gaar

5 ml/1 teelepel gekapte vars pietersielie

n knippie sout

30 ml/2 eetlepels grondboontjiebotterolie (grondboontjiebotter).

30 ml/2 eetlepels varkvet

1 ui, in skywe gesny

Plaas die steak in 'n groot bak. Kook die wynasyn, suiker, sojasous, peper, naeltjies, kaneel en lourierblare in 'n kastrol en laat dan afkoel. Gooi oor die steak, bedek en marineer oornag in die yskas, draai af en toe om.

Meng die rys, pietersielie, sout en olie. Dreineer die vleis en smeer die mengsel oor die steak, rol op en bind styf vas met tou. Smelt die varkvet, voeg die ui en steak by en braai tot bruin aan alle kante. Gooi genoeg water in om die steak amper te bedek, bedek en prut vir 1 ½ uur of tot die vleis sag is.

Beesbolletjies

Jy dra 4

450g/1lb gewone meel (allemaal).
1 pakkie easy mix gis
10 ml/2 teelepels gegranuleerde suiker
5 ml/1 teelepel sout
300 ml/½ vir/1¬° koppie melk of warm water
30 ml/2 eetlepels grondboontjiebotterolie (grondboontjiebotter).
225g/8oz gemaalde beesvleis (gemaal).
1 ui, gekap
2 stukke gemmerstingel, gekap
50 g kasjoeneute, gekap
2,5 ml/½ teelepel vyfspeserypoeier

15 ml/1 eetlepel sojasous

30 ml/2 eetlepels hoisinsous

2,5 ml/½ teelepel wynasyn

15 ml/1 e mielieblom (mieliestysel)

45 ml/3 eetlepels water

Meng die meel, gis, suiker, sout en warm melk of water en knie tot 'n gladde deeg. Bedek en laat rys op 'n warm plek vir 45 minute. Verhit die olie en braai die vleis tot ligbruin. Voeg die ui, gemmer, kasjoeneute, vyfspeserypoeier, sojasous, hoisinsous en wynasyn by en bring tot kookpunt. Meng die mieliemeel en water, roer by die sous en kook vir 2 minute. Laat afkoel. Vorm 16 balletjies met die deeg. Druk plat, gooi 'n bietjie vulsel in elkeen en maak die deeg om die vulsel toe. Plaas in 'n stoommandjie in 'n wok of pan, bedek en kook in soutwater vir sowat 30 minute.

Bros frikkadelle

Jy dra 4

225g/8oz gemaalde beesvleis (gemaal).

100 g waterkastaiings, gekap

2 geklitste eiers

5 ml/1 tl gerasperde lemoenskil

5 ml/1 eetlepel gemaalde gemmerwortel

5 ml/1 teelepel sout

15 ml/1 e mielieblom (mieliestysel)

225 g/8 oz/2 koppies gewone meel (allemaal).

5 ml/1 teelepel bakpoeier

300 ml/¬Ω vir/1¬Ω koppies water

15 ml/1 eetlepel grondboontjieolie (grondboontjies).

die gebraaide olie

Meng beesvleis, waterkastaiings, 1 eier, lemoenskil, gemmer, sout en mieliestysel. Vorm klein balletjies. Plaas in 'n bak in 'n stoompot oor kookwater en stoom vir sowat 20 minute tot gaar. Laat afkoel.

Meng die meel, bakpoeier, oorblywende eier, water en grondboontjieolie om 'n dik deeg te vorm. Doop die frikkadelle in die beslag. Verhit die olie en braai die frikkadelle tot goudbruin.

Gemaalde beesvleis met cashew

Jy dra 4

450g/1lb beesvleis (gemaal).

¬Ω eierwit

5 ml/1 teelepel oestersous

5 ml/1 teelepel ligte sojasous

'n paar druppels sesamolie

25 g/1 ons vars pietersielie, gekap

45 ml/3 eetlepels grondboontjiebotter (grondboontjie) olie.

25 g/1 ons/¬° koppie kasjoeneute, gekap

15 ml/1 eetlepel beesvleisaftreksel

4 groot slaaiblare

Meng die beesvleis met die eierwit, oestersous, sojasous, sesamolie en pietersielie en laat sit. Verhit die helfte van die olie en braai die kasjoeneute tot ligbruin, haal dan uit die pan. Verhit die orige olie en braai die vleismengsel tot bruin. Voeg die sous by en braai verder totdat amper al die vloeistof verdamp het. Rangskik die slaaiblare op 'n warm bord en gooi oor die vleis. Dit word bedien besprinkel met geroosterde kasjoeneute

Beesvleis in rooi sous

Jy dra 4

60 ml/4 eetlepels grondboontjieolie (grondboontjies).

450g/1lb beesvleis (gemaal).

1 ui, gekap

1 rooi soetrissie, gekap

1 groen soetrissie, gekap

2 snye pynappel, gekap

45 ml/3 eetlepels sojasous

45 ml/3 eetlepels droë witwyn

30 ml/2 eetlepels wynasyn

30 ml/2 lepels heuning

300 ml/¬Ω vir/1¬° koppies beesvleisaftreksel

sout en varsgemaalde peper

'n paar druppels warm peperolie

Verhit die olie en braai die vleis tot ligbruin. Voeg die groente en pynappel by en soteer vir 3 minute. Voeg die sojasous, wyn, wynasyn, heuning en aftreksel by. Bring tot kookpunt, bedek en prut vir 30 minute tot gaar. Geur na smaak met sout, peper en warm peperolie.

Beesvleisballetjies met glutinous rys

Jy dra 4

225 g/8 ons klewerige rys
450g/1lb maer beesvleis, gemaal (gemaal)
1 sny gemmerwortel, gekap
1 klein ui, gekap
1 eier, liggies geklits
15 ml/1 eetlepel sojasous
2,5 ml/¬Ω teelepel mieliemeel (mieliesstysel)
2,5 ml/¬Ω teelepel suiker
2,5 ml/¬Ω teelepel sout
5 ml/1 teelepel ryswyn of droë sjerrie

Week die rys vir 30 minute, dreineer dan en rangskik op 'n bord. Meng die beesvleis, gemmer, ui, eier, sojasous, olie, suiker, sout en wyn of sjerrie saam. Vorm okkerneut-grootte balletjies. Rol die frikkadelle in die rys om dit heeltemal te bedek, en rangskik dit dan op 'n vlak bakplaat, met spasies tussen hulle. Kook op 'n rooster oor kookwater vir 30 minute. Dit word bedien met sojasous en Chinese mosterddoop.

Frikkadelle met soet en suur sous

Jy dra 4

450g/1lb beesvleis (gemaal).
1 ui, fyn gekap
25 g/1 ons waterkastaiings, fyn gekap
15 ml/1 eetlepel sojasous
15 ml/1 e ryswyn of droë sjerrie
1 geklitste eier
100 g/4 onse/¬Ω koppie mieliemeel (mieliesstysel)
die gebraaide olie

Vir die sous:

15 ml/1 eetlepel grondboontjieolie (grondboontjies).
1 groen soetrissie, in blokkies gesny
100 g stukkies pynappel in stroop
100g/4oz Gemengde Sjinese Soet Pickles
100 g/4 onse/¬Ω koppie bruinsuiker
120 ml/4 fl oz/¬Ω koppie hoenderaftreksel
60 ml/4 eetlepels wynasyn
15 ml/1 e tamatiepuree (pasta)
15 ml/1 e mielieblom (mieliestysel)
15 ml/1 eetlepel sojasous

sout en varsgemaalde peper

45 ml/3 eetlepels gerasperde klapper

Roer die beesvleis, ui, waterkastaiings, sojasous en wyn of sjerrie by. Vorm balletjies en rol dit in die geklitste eier en dan in die mieliestysel. Braai in warm olie vir 'n paar minute tot bruin. Plaas oor na 'n warm bord en hou warm.

Verhit intussen die olie en braai die soetrissie vir 2 minute. Voeg 30ml/2 e pynappelstroop, 15ml/1 e piekelasyn, suiker, aftreksel, wynasyn, tamatiepuree, olie en sojasous by. Meng goed, bring tot kookpunt en kook, terwyl jy roer, totdat die mengsel helder is en verdik. Dreineer die oorblywende pynappel en piekels en voeg by die pan. Kook, roer, vir 2 minute. Gooi oor die frikkadelle en sit voor besprinkel met klapper.

Gestoomde vleispoeding

Jy dra 4

6 gedroogde Chinese sampioene

225g/8oz gemaalde beesvleis (gemaal).

225 g/8 ons gemaalde (gemaalde) varkvleis.

1 ui, in blokkies gesny

20ml/2 e mango blatjang

30 ml/2 eetlepels hoisinsous

30 ml/2 eetlepels sojasous

5ml/1 teelepel vyf speserye poeier

1 knoffelhuisie, fyngedruk

5 ml/1 teelepel sout

1 geklitste eier

45 ml/3 eetlepels mielieblom (mieliesstysel)

60 ml/4 eetlepels gekapte grasuie

10 koolblare

300 ml/¬Ω vir/1¬° koppies beesvleisaftreksel

Week die sampioene vir 30 minute in warm water en dreineer dan. Gooi die pette weg en sny die pette af. Meng die beesmaalvleis, ui, blatjang, hoisinsous, sojasous, vyfspeserypoeier en knoffel en geur met sout. Voeg die eier en mieliestysel by en roer die grasuie by. Voer die stoommandjie met koolblare uit. Vorm die maalvleis in 'n koekvorm en plaas dit op die blare. Bedek en prut oor beesvleisaftreksel op lae hitte vir 30 minute.

Gestoomde maalvleis

Jy dra 4

450g/1lb beesvleis (gemaal).
2 uie, fyn gekap
100 g waterkastaiings, fyn fyngemaak
60 ml/4 eetlepels sojasous
60 ml/4 eetlepels ryswyn of droë sjerrie
sout en varsgemaalde peper

Meng al die bestanddele, geur na smaak met sout en peper. Druk in 'n klein hittebestande bakkie en plaas in 'n stoompot oor kookwater. Bedek en stoom vir sowat 20 minute totdat die vleis gaar is en die gereg sy smaaklike sous geskep het.

Maalvleis met oestersous

Jy dra 4

30 ml/2 eetlepels grondboontjiebotterolie (grondboontjiebotter).

2 knoffelhuisies, fyngekap

225g/8oz gemaalde beesvleis (gemaal).

1 ui, gekap

50 g waterkastaiings, gekap

50g/2oz bamboeslote, gekap

15 ml/1 eetlepel sojasous

30 ml/2 eetlepels ryswyn of droë sjerrie

15 ml/1 eetlepel oestersous

Verhit die olie en braai die knoffel tot ligbruin. Voeg die beesvleis by en roer tot bruin aan alle kante. Voeg die ui, waterkastaiings en bamboeslote by en braai vir 2 minute. Voeg die sojasous en wyn of sjerrie by, bedek en prut vir 4 minute.

Beesrolletjies

Jy dra 4

350g/12oz gemaalde beesvleis (gemaal).

1 geklitste eier

5 ml/1 teelepel mielieblom (mieliesstysel)

5 ml/1 teelepel grondboontjiebotterolie (grondboontjies).

sout en varsgemaalde peper

4 sprietuie (uie), gekap

8 pakke springrolls olie vir braai

Meng die beesvleis, eier, mieliestysel, olie, sout, peper en sprietuie. Laat rus vir 1 uur. Gooi die mengsel in elke springrolomhulsel, vou oor die basis, vou die kante in en rol dan die velle op, verseël die rande met 'n bietjie water. Verhit die olie en braai die rolletjies tot goudbruin en gaar. Dreineer goed voor opdiening.

Beesvleis en spinasie frikkadelle

Jy dra 4

450g/1lb beesvleis (gemaal).

1 eier

100g/4oz broodkrummels

60 ml/4 eetlepels water

15 ml/1 e mielieblom (mieliestysel)

2,5 ml/¬Ω teelepel sout

15 ml/1 e ryswyn of droë sjerrie

30 ml/2 eetlepels grondboontjiebotterolie (grondboontjiebotter).

45 ml/3 eetlepels sojasous

120 ml/4 fl oz/¬Ω koppie beesvleisaftreksel

350 g/12 ons spinasie, gekap

Meng die beesvleis, eier, broodkrummels, water, room, sout en wyn of sjerrie. Vorm okkerneut-grootte balletjies. Verhit die olie en braai die frikkadelle tot bruin aan alle kante. Haal uit pan en dreineer oortollige olie. Voeg die sojasous en aftreksel by die pan en draai die frikkadelle. Bring tot kookpunt, bedek en prut vir 30 minute, draai af en toe om. Stoom die spinasie in 'n aparte pan tot sag, roer dan by die vleis en verhit deur.

Roergebraaide beesvleis met tofu

Jy dra 4

20 ml/4 eetlepels mielieblom (mieliesstysel)

10 ml/2 teelepels sojasous

10 ml/2 tl ryswyn of droë sjerrie

225g/8oz gemaalde beesvleis (gemaal).

2,5 ml/¬Ω teelepel suiker

30 ml/2 eetlepels grondboontjiebotterolie (grondboontjiebotter).

2,5 ml/¬Ω teelepel sout

1 knoffelhuisie, fyngedruk

120 ml/4 fl oz/¬Ω koppie beesvleisaftreksel

225 g/8 oz tofu, in blokkies gesny

2 sprietuie (uie), gekap

varsgemaalde peperpoeier

Roer die helfte van die mieliemeel, die helfte van die sojasous en die helfte van die wyn of sjerrie by. Voeg by die vleis en meng goed. Verhit die olie en braai die sout en knoffel vir 'n paar sekondes. Voeg die beesvleis by en soteer tot bruin. Roer die sous by en bring tot kookpunt. Voeg tofu by, bedek en kook vir 2 minute. Meng die oorblywende mieliemeel, sojasous en wyn of sjerrie, voeg by die pan en kook, terwyl jy roer, totdat die sous verdik.

Lam met aspersies

Jy dra 4

350 g/12 onse aspersies

450g/1lb maer lamsvleis

45 ml/3 eetlepels grondboontjiebotter (grondboontjie) olie.

sout en varsgemaalde peper

2 knoffelhuisies, fyngekap

250 ml/8 fl oz/1 koppie sous

1 tamatie, geskil en in skywe gesny

15 ml/1 e mielieblom (mieliestysel)

45 ml/3 eetlepels water

15 ml/1 eetlepel sojasous

Sny die aspersies in diagonale stukke en plaas in 'n bak. Gooi kookwater oor en laat staan vir 2 minute, dreineer dan. Sny die lam in skywe teen die graan. Verhit die olie en braai die lam tot dit effens verkleur. Voeg sout, peper en knoffel by en braai vir 5 minute. Voeg die aspersies, sous en tamaties by, bring tot kookpunt, bedek en kook vir 2 minute. Meng die mieliemeel, water en sojasous tot 'n pasta, roer in die pan en kook, terwyl jy roer, totdat die sous opklaar en verdik.

lamsrak

Jy dra 4

450g/1lb maer lamsvleis, in repe gesny

120 ml/4 fl oz/¬Ω koppie sojasous

120 ml/4 fl oz/¬Ω koppie ryswyn of droë sjerrie

1 knoffelhuisie, fyngedruk

3 sprietuie (uie), gekap

5 ml/1 teelepel sesamolie

sout en varsgemaalde peper

Plaas die lam in 'n bak. Meng die ander bestanddele, giet oor die lam en laat marineer vir 1 uur. Rooster (rooster) oor warm kole tot die lam gaar is, bedruip met sous indien nodig.

Lam met groenbone

Jy dra 4

450 g groenbone, in julienne-repies gesny

45 ml/3 eetlepels grondboontjiebotter (grondboontjie) olie.

450g/1lb maer lamsvleis, in dun skywe gesny

250 ml/8 fl oz/1 koppie sous

5 ml/1 teelepel sout

2,5 ml/¬Ω teelepel varsgemaalde peper

15 ml/1 e mieliblom (mieliestysel)

5 ml/1 teelepel sojasous

75 ml/5 eetlepels water

Kook die boontjies vir 3 minute in kookwater en dreineer dan goed. Verhit die olie en braai die vleis tot ligbruin aan alle kante. Voeg aftreksel by, bring tot kookpunt, bedek en prut vir 5 minute. Voeg die bone, sout en peper by, bedek en kook vir 4 minute tot die vleis gaar is. Meng die mieliemeel, sojasous en water tot 'n pasta, voeg by die pan en kook, terwyl jy roer, totdat die sous opklaar en verdik.

gekookte lam

Jy dra 4

450 g lamslende sonder been, in blokkies gesny
15 ml/1 eetlepel grondboontjieolie (grondboontjies).
4 sprietuie (sjabloon), in skywe gesny
10 ml/2 tl gerasperde gemmerwortel
200 ml/¬Ω vir/1¬° koppies hoendersop
30 ml/2 e suiker
30 ml/2 eetlepels sojasous
15 ml/1 eetlepel hoisinsous
15 ml/1 e ryswyn of droë sjerrie

5 ml/1 teelepel sesamolie

Kook die lam vir 5 minute in kookwater en dreineer dan. Verhit die olie en braai die lam vir sowat 5 minute tot bruin. Haal uit die pan en dreineer op kombuispapier. Verwyder alles behalwe 15 ml/1 eetlepel olie uit pan. Verhit die olie en soteer die sprietuie en gemmer vir 2 minute. Plaas die vleis terug in die pan saam met die ander bestanddele. Bring tot kookpunt, bedek en prut vir 1 Ω uur tot die vleis sag is.

Lamsvleis met broccoli

Jy dra 4

75 ml/5 eetlepels grondboontjieolie (grondboontjies).
1 knoffelhuisie, fyngedruk
450g/1lb lamsvleis, in repe gesny
450 g broccoli blommetjies
250 ml/8 fl oz/1 koppie sous
5 ml/1 teelepel sout
2,5 ml/¬Ω teelepel varsgemaalde peper
30 ml/2 eetlepels mielieblom (mieliestysel)
75 ml/5 eetlepels water

5 ml/1 teelepel sojasous

Verhit die olie en braai die knoffel en lam tot gaar. Voeg die broccoli en aftreksel by, bring tot kookpunt, bedek en prut vir sowat 15 minute tot die broccoli sag is. Geur met sout en peper. Meng die mieliemeel, water en sojasous tot 'n pasta, roer in die pan en kook, terwyl jy roer, totdat die sous opklaar en verdik.

Lam met waterkastaiings

Jy dra 4

350 g/12 ons maer lamsvleis, in stukke gesny
15 ml/1 eetlepel grondboontjieolie (grondboontjies).
2 sprietuie (uie), in skywe gesny
2 snye gemmerwortel, gekap
2 rooi brandrissies, gekap
600 ml/1 pt/2¬Ω waterkoppies
100 g raap, in blokkies gesny
1 wortel, in blokkies gesny
1 kaneelstokkie
2 snye steranys
2,5 ml/¬Ω teelepel suiker

15 ml/1 eetlepel sojasous

15 ml/1 e ryswyn of droë sjerrie

100 g waterkastaiings

15 ml/1 e mielieblom (mieliestysel)

45 ml/3 eetlepels water

Kook die lam vir 2 minute in kookwater en dreineer dan. Verhit die olie en braai die sprietuie, gemmer en brandrissie vir 30 sekondes. Voeg die lam by en braai tot goed bedek met speserye. Voeg res van bestanddele behalwe waterkastaiings, mieliemeel en water by, bring tot kookpunt, bedek gedeeltelik en prut tot lam sag is, sowat 1 uur. Kontroleer af en toe en vul aan met kookwater indien nodig. Verwyder die kaneel en anys, voeg die waterkastaiings by en kook, onbedek, vir sowat 5 minute. Meng die mieliemeel en water tot 'n pasta en roer 'n bietjie by die sous. Kook, terwyl jy roer, totdat die sous verdik.

Lam met kool

Jy dra 4

45 ml/3 eetlepels grondboontjiebotter (grondboontjie) olie.

450g/1lb lamsvleis, in dun skywe gesny

sout en varsgemaalde swartpeper

1 knoffelhuisie, fyngedruk

450g/1lb bok choy, gesnipper

120 ml/4 fl oz/¬Ω reserwe per koppie

15 ml/1 e mielieblom (mieliestysel)

15 ml/1 eetlepel sojasous

60 ml/4 eetlepels water

Verhit die olie en braai die lam, sout, peper en knoffel tot bruin. Voeg die kool by en meng totdat dit met olie bedek is. Voeg die aftreksel by, bring tot kookpunt, bedek en prut vir 10 minute. Meng die mieliemeel, sojasous en water tot 'n pasta, roer in die pan en kook, terwyl jy roer, totdat die sous opklaar en verdik.

Lamb Chow Mein

Jy dra 4

450 g pasta met eier

45 ml/3 eetlepels grondboontjiebotter (grondboontjie) olie.

450g/1lb lamsvleis, in skywe gesny

1 ui, in skywe gesny

1 selderyhart, in skywe gesny

100 g sampioene

100 g boontjiespruite

20 ml/2 eetlepels mielieblom (mieliesstysel)

175 ml/6 fl oz/¬e koppie water

sout en varsgemaalde peper

Kook die tagliatelle vir sowat 8 minute in kookwater en dreineer dan. Verhit die olie en braai die lam tot ligbruin. Voeg die ui, seldery, sampioene en boontjiespruite by

braai vir 5 minute. Meng die mieliemeel en water, gooi in die pan en bring tot kookpunt. Kook, terwyl jy roer, totdat die sous verdik. Gooi oor noedels en sit dadelik voor.

skaapkerrie

Jy dra 4

30 ml/2 eetlepels grondboontjiebotterolie (grondboontjiebotter).

2 knoffelhuisies, fyngekap

1 sny gemmerwortel, gekap

450g/1lb maer lamsvleis, in blokkies gesny

100 g aartappelblokkies

2 wortels, in blokkies gesny

15 ml/1 e kerriepoeier

250 ml/8 fl oz/1 koppie hoenderaftreksel

100 g sampioene, in skywe gesny

1 groen soetrissie, in blokkies gesny

50 g waterkastaiings, in skywe gesny

Verhit die olie en braai die knoffel en gemmer tot ligbruin. Voeg die lam by en braai vir 5 minute. Voeg die aartappels en wortels by en braai vir 3 minute. Voeg die kerriepoeier by en braai vir 1 minuut. Voeg die aftreksel by, bring tot kookpunt, bedek en prut vir sowat 25 minute. Voeg die sampioene, soetrissie en waterkastaiings by en kook vir 5 minute. As jy 'n dikker sous verkies, prut vir 'n paar minute om die sous te verminder of verdik met 15 ml/1 eetlepel mieliestysel gemeng met 'n bietjie water.

Geurige lam

Jy dra 4

30 ml/2 eetlepels grondboontjiebotterolie (grondboontjiebotter).

450g/1lb maer lamsvleis, in blokkies gesny

2 sprietuie (uie), gekap

1 knoffelhuisie, fyngedruk

1 sny gemmerwortel, gekap

120 ml/4 fl oz/¬Ω koppie sojasous

15 ml/1 e ryswyn of droë sjerrie

15 ml/1 eetlepel bruinsuiker

2,5 ml/¬Ω teelepel sout

varsgemaalde peper

300 ml/¬Ω vir/1¬° koppies water

Verhit die olie en braai die lam tot ligbruin. Voeg die sprietuie, knoffel en gemmer by en soteer vir 2 minute. Voeg die sojasous, wyn of sjerrie, suiker en sout by en geur na smaak met peper. Meng die bestanddele goed. Voeg die water by, bring tot kookpunt, bedek en prut vir 2 uur.

Geroosterde Lamblokkies

Jy dra 4

120 ml/4 fl oz/½ koppie grondboontjiebotterolie
(grondboontjiebotter).
60 ml/4 eetlepels wynasyn
2 knoffelhuisies, fyngekap
15 ml/1 eetlepel sojasous
5 ml/1 teelepel sout
2,5 ml/½ teelepel varsgemaalde peper
2,5 ml/½ teelepel origanum
450g/1lb maer lamsvleis, in blokkies gesny

Meng al die bestanddele, bedek en laat oornag marineer. Lekkasie. Plaas die vleis op 'n rak (rooster) en rooster (braai) vir sowat 15 minute, draai verskeie kere om, totdat die lam sag en ligbruin is.

Lam met Mangetout

Jy dra 4

2 knoffelhuisies, fyngekap

2,5 ml/½ teelepel sout

450g/1lb lamsvleis in blokkies gesny

30 ml/ 2 eetlepels mielieblom (mieliesstysel)

30 ml/2 eetlepels grondboontjiebotterolie (grondboontjiebotter).

450g/1lb sneeu-ertjies (ertjies), in kwarte gesny

250 ml/8 fl oz/1 koppie hoenderaftreksel

10 ml/2 teelepels gerasperde suurlemoenskil

30 ml/2 lepels heuning

30 ml/2 eetlepels sojasous

5 ml/1 teelepel gemaalde koljander

5 ml/1 teelepel komynsaad, gemaal

30 ml/2 e tamatiepuree (pasta)

30 ml/2 eetlepels wynasyn

Roer die knoffel en sout by en meng met die lam. Slaag die lam in die pan. Verhit die olie en braai die lam tot gaar. Voeg die sneeu-ertjies by en braai vir 2 minute. Meng die orige mieliemeel met die aftreksel en gooi in die pan saam met die ander bestanddele. Bring tot kookpunt, roer en prut dan vir 3 minute.

Gemarineerde lam

Jy dra 4

450g/1lb maer lamsvleis
2 knoffelhuisies, fyngekap
5 ml/1 teelepel sout
120 ml/4 fl oz/¬Ω koppie sojasous
5 ml/1 teelepel seldery sout
die gebraaide olie

Plaas die lam in 'n pot en bedek slegs met koue water. Voeg die knoffel en sout by, bring tot kookpunt, bedek en prut vir 1 uur tot die lam gaar is. Haal uit pan en dreineer. Plaas die lam in 'n bak, voeg die sojasous by en sprinkel selderysout oor. Bedek en marineer vir 2 uur of oornag. Sny die lam in klein stukkies. Verhit die olie en braai die lam tot bros. Dreineer goed voor opdiening.

Lam met sampioene

Jy dra 4

45 ml/3 eetlepels grondboontjiebotter (grondboontjie) olie.

350g/12oz sampioene, in skywe gesny

100g bamboeslote, in skywe gesny

3 skywe gemmerwortel, gekap

450g/1lb lamsvleis, in dun skywe gesny

250 ml/8 fl oz/1 koppie sous

15 ml/1 e mielieblom (mieliestysel)

15 ml/1 eetlepel sojasous

60 ml/4 eetlepels water

Verhit die olie en braai die sampioene, bamboeslote en gemmer vir 3 minute. Voeg die lam by en kook tot hulle ligbruin is. Voeg die aftreksel by, bring tot kookpunt, bedek en prut vir sowat 30 minute totdat die lam gaar is en die sous met die helfte verminder het. Meng die mieliemeel, sojasous en water, meng in die pan en kook, terwyl jy roer, totdat die sous opklaar en verdik.

Lamsvleis met oestersous

Jy dra 4

30 ml/2 eetlepels grondboontjiebotterolie (grondboontjiebotter).
1 knoffelhuisie, fyngedruk
1 sny gemmer, fyn gekap
450g/1lb maer vleis, in skywe gesny
250 ml/8 fl oz/1 koppie sous
30 ml/2 eetlepels oestersous
15 ml/1 e ryswyn of sjerrie
5 ml/1 teelepel suiker

Verhit die olie saam met die knoffel en gemmer en braai tot bruin. Voeg die lam by en braai vir sowat 3 minute tot ligbruin. Voeg die aftreksel, oestersous, wyn of sjerrie en suiker by, bring tot kookpunt, terwyl jy roer, bedek en prut vir sowat 30 minute, terwyl jy af en toe roer, tot die lam gaar is. Verwyder die deksel en kook voort, terwyl jy roer, vir sowat 4 minute totdat die sous verminder en verdik.

Rooi gaar lam

Jy dra 4

30 ml/2 eetlepels grondboontjiebotterolie (grondboontjiebotter).

Lamstjops 450 g/1 lb

250 ml/8 fl oz/1 koppie hoenderaftreksel

1 ui, in skywe gesny

120 ml/4 fl oz/¬Ω koppie sojasous

5 ml/1 teelepel sout

1 sny gemmerwortel, gekap

Verhit die olie en braai die kotelette tot bruin aan albei kante. Voeg die oorblywende bestanddele by, bring tot kookpunt, bedek en prut vir sowat 1¬Ω uur totdat die lam sag is en die sous verminder het.

Lam met sprietuie

Jy dra 4

350 g/12 ons in blokkies gesny maer lam
30 ml/2 eetlepels sojasous
30 ml/2 eetlepels ryswyn of droë sjerrie
30 ml/2 eetlepels grondboontjiebotterolie (grondboontjiebotter).
2 knoffelhuisies, fyngekap
8 sprietuie (uie), dik gesny

Plaas die lam in 'n bak. Meng 15ml/1 e sojasous, 15ml/1 e wyn of sjerrie en 15ml/1 e olie en roer by die lam. Laat marineer vir 30 minute. Verhit die oorblywende olie en braai die knoffel tot goudbruin. Dreineer die beesvleis, voeg by die pan en braai vir 3 minute. Voeg sprietuie by en soteer vir 2 minute. Voeg die oorblywende marinade en sojasous en die wyn of sjerrie by en braai vir 3 minute.

Sag lam steaks

Jy dra 4

450g/1lb maer lamsvleis
15 ml/1 eetlepel sojasous
10 ml/2 tl ryswyn of droë sjerrie
2,5 ml/¬Ω teelepel sout
1 klein ui, gekap
45 ml/3 eetlepels grondboontjiebotter (grondboontjie) olie.

Sny die lamsvleis dun teen die graan en rangskik op 'n bord. Meng die sojasous, wyn of sjerrie, sout en olie, giet oor die lam, bedek en marineer vir 1 uur. Dreineer goed. Verhit die olie en braai die lam vir sowat 2 minute tot sag.

lambredie

Jy dra 4

45 ml/3 eetlepels grondboontjiebotter (grondboontjie) olie.

2 knoffelhuisies, fyngekap

5 ml/1 teelepel sojasous

450g/1lb maer lamsvleis, in blokkies gesny

varsgemaalde peper

30 ml/2 e gewone meel (allemaal).

300 ml/½ vir/1¼ koppies water

15 ml/1 e tamatiepuree (pasta)

1 lourierblaar

100 g sampioene, in die helfte gesny

3 wortels, in kwarte gesny

6 klein uie, in kwarte gesny

15 ml/1 eetlepel suiker

1 selderystingel, in skywe gesny

3 aartappelblokkies

15 ml/1 e ryswyn of droë sjerrie

50 g ertjies

15 ml/1 eetlepel vars gekapte pietersielie

Verhit die helfte van die olie. Meng die knoffel en sojasous met die lam en geur met peper. Braai die vleis tot ligbruin. Strooi meel oor en kook, terwyl jy roer, totdat die meel geabsorbeer is. Voeg die water, tamatiepuree en lourierblaar by, bring tot kookpunt, bedek en prut vir 30 minute. Verhit die oorblywende olie en braai die sampioene vir 3 minute, haal dit dan uit die pan. Voeg die wortels en uie by die pan en braai vir 2 minute. Sprinkel suiker oor en verhit tot die groente blink. Voeg die sampioene, wortels, uie, seldery en aartappels by die bredie, bedek weer en prut vir nog 'n uur. Voeg die wyn of sjerrie, ertjies en pietersielie by,

Gebraaide lam

Jy dra 4

350 g/12 ons maer lamsvleis, in repe gesny

1 sny gemmerwortel, fyn gekap

3 geklitste eiers

45 ml/3 eetlepels grondboontjiebotter (grondboontjie) olie.

2,5 ml/½ teelepel sout

5 ml/1 teelepel ryswyn of droë sjerrie

Roer die lam, gemmer en eiers by. Verhit die olie en braai die lamsmengsel vir 2 minute. Roer die sout en wyn of sjerrie by en braai vir 2 minute.

Lam en Groente

Jy dra 4

225 g/8 ons maer lamsvleis, in skywe gesny
100g bamboeslote, in skywe gesny
100 g waterkastaiings, in skywe gesny
100 g sampioene, in skywe gesny
30 ml/2 eetlepels grondboontjiebotterolie (grondboontjiebotter).
30 ml/2 eetlepels sojasous
30 ml/2 eetlepels ryswyn of droë sjerrie
2 knoffelhuisies, fyngekap
4 sprietuie (sjabloon), in skywe gesny
150 ml/¬° pt/ohm koppie hoendersop
15 ml/1 eetlepel sesamolie
15 ml/1 e mielieblom (mieliestysel)

Roer die lam, bamboeslote, waterkastaiings en sampioene by. Meng 15 ml/1 eetlepel olie, 15 ml/1 eetlepel sojasous en 15 ml/1 eetlepel wyn of sjerrie en giet oor die lamsmengsel. Laat marineer vir 1 uur. Verhit die oorblywende olie en braai die knoffel tot goudbruin. Voeg die vleismengsel by en braai tot bruin. Roer die sprietuie by, voeg dan die oorblywende sojasous en wyn of sjerrie, die meeste van die aftreksel, en die sesamolie by. Bring tot kookpunt, roer, bedek en prut vir 10 minute. Meng die mieliemeel met die oorblywende sous, meng met die sous en kook, terwyl jy roer, totdat die sous opklaar en verdik.

Lamsvleis met tofu

Jy dra 4

60 ml/4 eetlepels grondboontjieolie (grondboontjies).
450g/1lb maer lamsvleis, grof gekap
3 knoffelhuisies, fyngekap
2 sprietuie (uie), gekap
4 waterkastaiings, in blokkies gesny
5 ml/1 tl gerasperde lemoenskil
15 ml/1 eetlepel sojasous
n knippie sout
100 g/4 oz tofu, in blokkies gesny
2,5 ml/¬Ω teelepel oestersous
2,5 ml/¬Ω teelepel sesamolie

Verhit die helfte van die olie en soteer die lam, knoffel en ui tot bruin. Voeg waterkastaiings, lemoenskil en sojasous by en genoeg kookwater om die vleis te bedek. Bring weer tot kookpunt, bedek en prut vir sowat 30 minute tot die lam baie sag is. Verhit intussen die oorblywende olie en braai die tofu tot ligbruin. Voeg by die lam met die oestersous en sesamolie en kook, onbedek, vir 5 minute.

Gebraaide lam

Gedeelte 4-6

2 kg/4 lbs skaapboud

120 ml/4 fl oz/¬Ω koppie sojasous

1 ui, fyn gekap

2 knoffelhuisies, fyngekap

1 sny gemmerwortel, gekap

50 g/2 oz/¬° koppie bruinsuiker

30 ml/2 eetlepels ryswyn of droë sjerrie

30 ml/2 e tamatiepuree (pasta)

15 ml/1 eetlepel wynasyn

15 ml/1 eetlepel suurlemoensap

Plaas die lam op 'n bord. Meng die oorblywende bestanddele, gooi dan oor die lam, bedek en verkoel oornag, draai en bedruip af en toe.

Rooster die lam in 'n voorverhitte oond teen 220¬∞C/425¬∞F/gas 7 vir 10 minute, verminder dan die hitte tot 190¬∞C/375¬∞F/gas 5 en kook verder vir 20 minute tot 1 lb /450 g plus 20 minute, bedruip af en toe met marinade.

Lamsbraai met mosterd

Hekke 8

75 ml/5 eetlepels voorbereide mosterd

15 ml/1 eetlepel sojasous

1 knoffelhuisie, fyngedruk

5 ml/1 teelepel vars gekapte tiemie

1 sny gemmerwortel, gekap

15 ml/1 eetlepel grondboontjieolie (grondboontjies).

1,25 kg/3 lbs skaapboud

Meng al die bestanddele van die slaaisous totdat jy 'n room kry. Dit word oor die lam gesmeer en vir 'n paar uur laat rus. Rooster in 'n voorverhitte oond by 180°C/350°F/gas punt 4 vir ongeveer 1½ uur.

Gevulde lamsbors

Gedeelte 6-8

1 skaapborsie

225g/8oz langkorrelige rys gaar

1 klein groen soetrissie, gekap

2 sprietuie (uie), gekap

90 ml/6 eetlepels grondboontjiebotter (grondboontjie) olie.

sout en varsgemaalde peper

375 ml/13 fl oz/1¬Ω waterkoppies

15 ml/1 e mielieblom (mieliestysel)

15 ml/1 eetlepel sojasous

Sny 'n sak in die wye punt van die lamsbors. Meng die rys, peper, sprietuie, 30ml/2 e olie, sout en peper en vul die holte met die mengsel. Bevestig die einde met tou. Verhit die orige olie en braai die lam tot ligbruin aan alle kante. Geur met sout en peper, voeg 250 ml/8 fl oz/1 koppie water by, bring tot kookpunt, bedek en prut vir 2 uur of tot die vleis sag is. Meng die mieliemeel, sojasous en oorblywende water tot 'n pasta, voeg by die pan en kook, terwyl jy roer, totdat die sous opklaar en verdik.

Lam in die oond

Jy dra 4

100g/4oz broodkrummels

4 hardgekookte (gekookte) eiers, gekap

225 g/8 ons gekookte lam, gemaal

300 ml/¬Ω vir/1¬° koppie sous

15 ml/1 eetlepel sojasous

15 ml/1 e mielieblom (mieliestysel)

30 ml/2 eetlepels water

Rangskik die broodkrummels, gekookte eiers en lam in lae in 'n oondbak. Bring die sous en sojasous tot kookpunt in 'n kastrol. Meng die mieliemeel en water tot 'n pasta, roer by die aftreksel en kook, terwyl jy roer, totdat die sous verdik. Giet oor die lamsmengsel, bedek en bak in 'n voorverhitte oond van 180¬∞C/350¬∞C/gas 4 vir sowat 25 minute tot goudbruin.

Lam en rys

Jy dra 4

30 ml/2 eetlepels grondboontjiebotterolie (grondboontjiebotter).
350 g/12 ons gaar lam, in blokkies gesny
Voorraad van 600 ml/1 pt/2¬Ω koppies
10 ml/2 tl sout
10 ml/2 teelepels sojasous
4 uie, in kwarte gesny
2 wortels, in skywe gesny
50 g ertjies
15 ml/1 e mielieblom (mieliestysel)
30 ml/2 eetlepels water

350 g/12 ons langkorrelige rys, warm

Verhit die olie en braai die lam tot ligbruin. Voeg die aftreksel, sout en sojasous by, bring tot kookpunt, bedek en prut vir 10 minute. Voeg die ui, wortels en ertjies by, bedek en prut vir 20 minute tot die groente sag is. Gooi die vloeistof in 'n kastrol. Meng die mieliemeel en water tot 'n pasta, kombineer met die sous en kook, terwyl jy roer, totdat die sous opklaar en verdik. Rangskik die rys op 'n warm bord en rangskik die lamsvleismengsel bo-op. Gooi die sous oor en sit dadelik voor.

Wilgerlam

Gedeeltes 3

450g/1lb maer lamsvleis
1 eier, liggies geklits
30 ml/2 eetlepels sojasous
5 ml/1 teelepel mieblom (mieliesstysel)
n knippie sout
die gebraaide olie
1 klein wortel, gekap
1 knoffelhuisie, fyngedruk
2,5 ml/¬Ω teelepel suiker
2,5 ml/¬Ω teelepel wynasyn
2,5 ml/¬Ω teelepel ryswyn of droë sjerrie

varsgemaalde peper

Sny die lam in dun repies van sowat 5 cm lank. Meng die eier, 15ml/1 e sojasous, mieliestysel en sout, meng met die lam en laat marineer vir nog 30 minute. Verhit die olie en braai die lam tot halfgaar. Haal uit pan en dreineer. Gooi alles behalwe 30 ml/2 eetlepels olie in en soteer die wortel en knoffel vir 1 minuut. Voeg die lamsvleis en ander bestanddele by en braai vir 3 minute.

Varkvleis met amandels

Jy dra 4

60 ml/4 eetlepels grondboontjieolie (grondboontjies).
50 g amandelvlokkies
350 g/12 ons in blokkies gesnyde varkvleis
100 g bamboeslote, in blokkies gesny
3 stingels seldery, in blokkies gesny
50 g ertjies
4 waterkastaiings, in blokkies gesny
100 g sampioene, in blokkies gesny
250 ml/8 fl oz/1 koppie sous
45 ml/3 eetlepels sojasous
sout en varsgemaalde peper

Verhit die olie en braai die amandels tot hulle ligbruin is. Gooi meeste van die olie af, voeg die vark by en braai vir 1 minuut. Voeg die bamboeslote, seldery, ertjies, waterkastaiings en sampioene by en braai vir 1 minuut. Voeg die aftreksel, sojasous, sout en peper by, bring tot kookpunt, bedek en prut vir 10 minute.

Varkvleis met bamboeslote

Jy dra 4

30 ml/2 eetlepels grondboontjiebotterolie (grondboontjiebotter).
450g/1lb maer varkvleis, in blokkies gesny
3 sprietuie (uie), in skywe gesny
2 knoffelhuisies, fyngekap
1 sny gemmerwortel, gekap
250 ml/8 fl oz/1 koppie sojasous
30 ml/2 eetlepels ryswyn of droë sjerrie
30 ml/2 e bruinsuiker
5 ml/1 teelepel sout
600ml/1pt/2½ koppies water
100g bamboeslote, in skywe gesny

Verhit die olie en braai die varkvleis tot bruin. Dreineer die oortollige olie, voeg die sprietuie, knoffel en gemmer by en soteer vir 2 minute. Voeg die sojasous, wyn of sjerrie, suiker en sout by en meng goed. Voeg die water by, bring tot kookpunt, bedek en prut vir 45 minute. Voeg die bamboeslote by, bedek en prut vir nog 20 minute.

Geroosterde varkvleis

Jy dra 4

2 varkfilette

30 ml/2 e rooiwyn

15 ml/1 eetlepel bruinsuiker

15 ml/1 lepel heuning

60 ml/4 eetlepels sojasous

2,5 ml/½ teelepel kaneel

10 ml/2 tl rooi voedselkleursel (opsioneel)

1 knoffelhuisie, fyngedruk

1 sprietuie (ui), in klein stukkies gesny

Sit die vleis in 'n bak. Meng al die ander bestanddele, giet oor die varkvleis en laat marineer vir 2 uur, draai af en toe om. Dreineer die vleis en plaas op 'n rak in 'n pan. Bak in 'n voorverhitte oond van 180°C/350°'F/gas punt 4 vir ongeveer 45 minute, draai om en bedruip met die marinade tydens gaarmaak. Dit word bedien in dun skywe gesny.

Kool Vark En Bone

Jy dra 4

225 g/8 ons maer varkvleis, in skywe gesny

1 sny gemmerwortel, gekap

30 ml/2 eetlepels sojasous

15 ml/1 e ryswyn of droë sjerrie

2,5 ml/½ teelepel suiker

450 g boontjiespruite

45 ml/3 eetlepels grondboontjiebotter (grondboontjie) olie.

2,5 ml/½ teelepel sout

Roer die varkvleis, gemmer, 15 ml/1 e sojasous, wyn of sjerrie en suiker by. Blansjeer die boontjiespruite vir 2 minute in kookwater en dreineer dan. Verhit die helfte van die olie en braai die vark vir 3 minute tot ligbruin. Verwyder uit pan. Verhit die oorblywende olie en soteer die boontjiespruite met sout vir 1 minuut. Bedruip met die oorblywende sojasous en braai vir nog 'n minuut. Plaas die vark in die pan en braai tot deurwarm.

Hoender met bamboeslote

Jy dra 4

45 ml/3 eetlepels grondboontjiebotter (grondboontjie) olie.
1 knoffelhuisie, fyngedruk
1 sprietuie (ui), gekap
1 sny gemmerwortel, gekap
225 g hoenderborsie, in vlokkies gesny
225 g/8 ons bamboeslote, in vlokkies gesny
45 ml/3 eetlepels sojasous
15 ml/1 e ryswyn of droë sjerrie
5 ml/1 teelepel mielieblom (mieliesstysel)

Verhit die olie en braai die knoffel, sprietuie en gemmer tot dit ligbruin is. Voeg die hoender by en soteer vir 5 minute. Voeg die bamboeslote by en braai vir 2 minute. Roer die sojasous, wyn of sjerrie, en mieliemeel by en roerbraai sowat 3 minute tot die hoender gaar is.

Gestoomde ham

6-8 porsies

900g/2lbs vars ham
30 ml/2 e bruinsuiker
60 ml/4 eetlepels ryswyn of droë sjerrie

Plaas die ham in 'n hittebestande bak op 'n rak, bedek en stoom in kookwater vir sowat 1 uur. Voeg die suiker en wyn of sjerrie by die pot, bedek en stoom vir 'n verdere uur of tot die ham gaar is. Laat in die bak afkoel voordat jy dit in skywe sny.

Spek Met Kool

Jy dra 4

4 snye strepiespek, geskil en gekap

2,5 ml/½ teelepel sout

1 sny gemmerwortel, gekap

½ kool, gekap

75 ml/5 e hoenderaftreksel

15 ml/1 eetlepel oestersous

Braai die spek tot bros en haal dan uit die pan. Voeg die sout en gemmer by en braai vir 2 minute. Voeg die kool by en roer goed, roer dan die spek by en voeg die aftreksel by, bedek en kook vir sowat 5 minute tot die kool sag maar nog 'n bietjie krakerig is. Voeg die oestersous by, bedek en prut vir 1 minuut voor opdiening.

Hoender met amandels

Gedeeltes 4–6

375 ml/13 fl oz/1½ koppie hoenderaftreksel

60 ml/4 eetlepels ryswyn of droë sjerrie

45 ml/3 eetlepels mielieblom (mieliesstysel)

15 ml/1 eetlepel sojasous

4 hoenderborsies

1 eierwit

2,5 ml/½ teelepel sout

die gebraaide olie

75 g/3 oz/½ koppie geblansjeerde amandels

1 groot wortel, in blokkies gesny

5 ml/1 tl gerasperde gemmerwortel

6 sprietuie (uie), in skywe gesny

3 stingels seldery, in skywe gesny

100 g sampioene, in skywe gesny

100g bamboeslote, in skywe gesny

Meng die aftreksel, die helfte van die wyn of sjerrie, 30 ml/2 e mielieblom en sojasous in 'n kastrol. Bring tot kookpunt, roer en prut dan vir 5 minute totdat die mengsel verdik. Verwyder van hitte en hou warm.

Verwyder die vel en bene van die hoender en sny in 2,5 cm-stukke. Meng die oorblywende wyn of sjerrie en die mieliemeel, eierwit en sout, voeg die hoenderstukke by en meng goed. Verhit die olie en braai die hoenderstukke bietjie op 'n slag vir sowat 5 minute tot bruin. Dreineer goed. Verwyder alles behalwe 30 ml/2 eetlepels olie uit die pan en rooster die amandels vir 2 minute tot goudbruin. Dreineer goed. Voeg die wortel en gemmer by die pan en braai vir 1 minuut. Voeg die oorblywende groente by en roerbraai vir sowat 3 minute tot die groente sag maar steeds bros is. Plaas die hoender en amandels in die pan met die sous en roer oor 'n matige hitte vir 'n paar minute tot deurwarm.

Hoender met amandels en waterkastaiings

Jy dra 4

6 gedroogde Chinese sampioene
4 hoenderstukke, sonder been
100g/4oz gemaalde amandels
sout en varsgemaalde peper
60 ml/4 eetlepels grondboontjieolie (grondboontjies).
100 g waterkastaiings, in skywe gesny
75 ml/5 e hoenderaftreksel
30 ml/2 eetlepels sojasous

Week die sampioene vir 30 minute in warm water en dreineer dan. Gooi die stingels weg en sny die doppies af. Sny die hoender in dun skywe. Geur die amandels mildelik met sout en peper en bedek die hoenderskywe met die amandels. Verhit die olie en braai die hoender tot ligbruin. Voeg die sampioene, waterkastaiings, aftreksel en sojasous by, bring tot kookpunt, bedek en prut vir 'n paar minute tot die hoender gaar is.

Hoender met amandels en groente

Jy dra 4

75 ml/5 eetlepels grondboontjieolie (grondboontjies).

4 skywe gemmerwortel, gekap

5 ml/1 teelepel sout

100 g Sjinese kool, gekap

50g/2oz bamboeslote, in blokkies gesny

50 g sampioene, in blokkies gesny

2 stingels seldery, in blokkies gesny

3 waterkastaiings, in blokkies gesny

120 ml/½ koppie hoenderaftreksel

225g/8oz hoenderborsie, in blokkies gesny

15 ml/1 e ryswyn of droë sjerrie

50 g/2 ons sneeu-ertjies (ertjies)

100 g geroosterde amandelvlokkies

10 ml/2 eetlepels mielieblom (mieliesstysel)

15 ml/1 eetlepel water

Verhit die helfte van die olie en soteer die gemmer en sout vir 30 sekondes. Voeg die kool, bamboeslote, sampioene, seldery en waterkastaiings by en soteer vir 2 minute. Voeg aftreksel by, bring tot kookpunt, bedek en prut vir 2 minute. Verwyder die groente en sous uit die pan. Verhit die oorblywende olie en braai die hoender vir 1 minuut. Voeg die wyn of sjerrie by en braai vir 1 minuut. Plaas die groente terug in die pan met die sneeu-ertjies en amandels en kook vir 30 sekondes. Meng die mieliemeel en water tot 'n pasta, meng met die sous en kook, terwyl jy roer, totdat die sous verdik.

Hoender met anys

Jy dra 4

75 ml/5 eetlepels grondboontjieolie (grondboontjies).

2 uie, gekap

1 knoffelhuisie, fyngekap

2 snye gemmerwortel, gekap

15 ml/1 eetlepel gewone meel (allemaal).

30ml/2 e kerriepoeier

450g/1lb hoender, in blokkies gesny

15 ml/1 eetlepel suiker

30 ml/2 eetlepels sojasous

450 ml/¾ vir/2 koppies hoendersop

2 snye steranys

225 g/8 ons aartappels, in blokkies gesny

Verhit die helfte van die olie en braai die ui tot dit effens bruin word, haal dit dan uit die pan. Verhit die oorblywende olie en soteer die knoffel en gemmer vir 30 sekondes. Roer die meel en kerriepoeier by en kook vir 2 minute. Plaas die ui terug in die pan, voeg die hoender by en soteer vir 3 minute. Voeg die suiker, sojasous, aftreksel en anys by, bring tot kookpunt, bedek en prut vir 15 minute. Voeg die aartappels by, bring weer tot kookpunt, bedek en prut vir nog 20 minute tot sag.

Hoender met appelkose

Jy dra 4

4 stukke hoender
sout en varsgemaalde peper
'n knippie gemaalde gemmer
60 ml/4 eetlepels grondboontjieolie (grondboontjies).
225g geblikte appelkose, gehalveer
300 ml/½ pt/1¼ koppie soet en suur sous
30 ml/2 eetlepels geroosterde amandelvlokkies

Geur die hoender met sout, peper en gemmer. Verhit die olie en braai die hoender tot ligbruin. Bedek en kook vir sowat 20 minute tot sag, draai af en toe om. Dreineer die olie. Voeg die appelkose en salsa by die pan, bring tot kookpunt, bedek en kook vir sowat 5 minute of tot deurwarm. Garneer met amandelvlokkies.

Hoender met aspersies

Jy dra 4

45 ml/3 eetlepels grondboontjiebotter (grondboontjie) olie.

5 ml/1 teelepel sout

1 knoffelhuisie, fyngedruk

1 sprietuie (ui), gekap

1 hoenderborsie, in skywe gesny

30ml/2 e swartboontjiesous

350 g aspersies, in 2,5 cm-stukke gesny

120 ml/½ koppie hoenderaftreksel

5 ml/1 teelepel suiker

15 ml/1 e mielieblom (mieliestysel)

45 ml/3 eetlepels water

Verhit die helfte van die olie en braai die sout, knoffel en sprietuie tot bruin. Voeg die hoender by en braai tot ligkleurig. Voeg die swartboontjiesous by en meng om die hoender te bedek. Voeg die aspersies, aftreksel en suiker by, bring tot kookpunt, bedek en prut vir 5 minute tot die hoender sag is. Meng die mieliemeel en water tot 'n pasta, meng dit in die pan en kook, terwyl jy roer, totdat die sous opklaar en verdik.

Eiervrug hoender

Jy dra 4

225g/8oz hoender, in skywe gesny
15 ml/1 eetlepel sojasous
15 ml/1 e ryswyn of droë sjerrie
15 ml/1 e mielieblom (mieliestysel)
1 eiervrug (aubergine), geskil en in repe gesny
30 ml/2 eetlepels grondboontjiebotterolie (grondboontjiebotter).
2 gedroogde rooi brandrissies
2 knoffelhuisies, fyngekap
75 ml/5 e hoenderaftreksel

Plaas die hoender in 'n bak. Meng die sojasous, wyn of sjerrie en mieliestysel, roer by die hoender en laat staan vir 30 minute. Kook die eiervrugte vir 3 minute in kookwater en dreineer dan goed. Verhit die olie en braai die soetrissies tot donker, verwyder dan en gooi weg. Voeg die knoffel en die hoender by en soteer tot ligkleurig. Voeg die aftreksel en eiervrug by, bring tot kookpunt, bedek en kook vir 3 minute terwyl jy af en toe roer.

Hoender toegedraai in spek

Gedeeltes 4–6

225g/8oz hoender, in blokkies gesny

30 ml/2 eetlepels sojasous

15 ml/1 e ryswyn of droë sjerrie

5 ml/1 teelepel suiker

5 ml/1 teelepel sesamolie

sout en varsgemaalde peper

225 g/8 oz spek snye

1 eier, liggies geklits

100 g gewone meel (allemaal).

die gebraaide olie

4 tamaties, in skywe gesny

Meng die hoender met die sojasous, wyn of sjerrie, suiker, sesamolie, sout en peper. Bedek en marineer vir 1 uur, roer af en toe, verwyder dan die hoender en gooi die marinade weg. Sny die spek in klein stukkies en draai dit om die hoenderblokkies. Klits die eiers met die meel tot jy 'n dik deeg kry, voeg 'n bietjie melk by indien nodig. Doop die blokkies in die beslag. Verhit die olie en braai die blokkies tot bruin en gaar. Hulle word bedien gegarneer met kersietamaties.

Hoender met boontjiespruite

Jy dra 4

45 ml/3 eetlepels grondboontjiebotter (grondboontjie) olie.

1 knoffelhuisie, fyngedruk

1 sprietuie (ui), gekap

1 sny gemmerwortel, gekap

225 g hoenderborsie, in vlokkies gesny

225 g/8 oz boontjiespruite

45 ml/3 eetlepels sojasous

15 ml/1 e ryswyn of droë sjerrie

5 ml/1 teelepel mielieblom (mieliestysel)

Verhit die olie en braai die knoffel, sprietuie en gemmer tot dit ligbruin is. Voeg die hoender by en soteer vir 5 minute. Voeg die boontjiespruite by en braai vir 2 minute. Roer die sojasous, wyn of sjerrie, en mieliemeel by en roerbraai sowat 3 minute tot die hoender gaar is.

Hoender met swartboontjiesous

Jy dra 4

30 ml/2 eetlepels grondboontjiebotterolie (grondboontjiebotter).
5 ml/1 teelepel sout
30ml/2 e swartboontjiesous
2 knoffelhuisies, fyngekap
450g/1lb hoender, in blokkies gesny
250 ml/8 fl oz/1 koppie sous
1 groen soetrissie, in blokkies gesny
1 ui, gekap
15 ml/1 eetlepel sojasous
varsgemaalde peper
15 ml/1 e mielieblom (mieliestysel)
45 ml/3 eetlepels water

Verhit die olie en soteer die sout, swartbone en knoffel vir 30 sekondes. Voeg die hoender by en braai tot ligbruin. Voeg die aftreksel by, bring tot kookpunt, bedek en prut vir 10 minute. Voeg soetrissie, ui, sojasous en soetrissie by, bedek en kook vir nog 10 minute. Meng die mieliemeel en water tot 'n pasta, meng met die sous en kook, terwyl jy roer, totdat die sous verdik en die hoender sag is.

Hoender met broccoli

Jy dra 4

450g/1lb hoender, in blokkies gesny

225 g hoenderlewer

45 ml/3 eetlepels gewone meel (alles).

45 ml/3 eetlepels grondboontjiebotter (grondboontjie) olie.

1 ui, in blokkies gesny

1 rooi soetrissie, in blokkies gesny

1 groen soetrissie, in blokkies gesny

225 g broccoli blommetjies

4 pynappelskywe, in blokkies gesny

30 ml/2 e tamatiepuree (pasta)

30 ml/2 eetlepels hoisinsous

30 ml/2 lepels heuning

30 ml/2 eetlepels sojasous

300 ml/½ tl/1 ¼ koppie hoenderaftreksel

10 ml/2 tl sesamolie

Dreineer die hoender en hoenderlewers in die meel. Verhit die olie en braai die lewer vir 5 minute, haal dit dan uit die pan. Voeg die hoender by, bedek en prut oor matige hitte vir 15 minute terwyl jy af en toe roer. Voeg die groente en pynappel by en soteer vir 8 minute. Sit die hoenderlewers in die wok, voeg die ander bestanddele by en bring tot kookpunt. Kook, terwyl jy roer, totdat die sous verdik.

Hoender met kool en grondboontjies

Jy dra 4

45 ml/3 eetlepels grondboontjiebotter (grondboontjie) olie.
30 ml/2 eetlepels grondboontjies
450g/1lb hoender, in blokkies gesny
½ kool, in blokkies gesny
15 ml/1 eetlepel swartboontjiesous
2 rooi brandrissies, gekap
5 ml/1 teelepel sout

Verhit 'n bietjie olie en braai die haselneute vir 'n paar minute terwyl jy aanhoudend roer. Verwyder, dreineer dan puree. Verhit die orige olie en braai die hoender en kool tot ligbruin. Verwyder uit pan. Voeg die swartboontjie- en brandrissiesous by en roerbraai vir 2 minute. Plaas die hoender en kool terug in die pan met die gekapte grondboontjies en geur met sout. Braai tot deurwarm, bedien dan dadelik.

Cashew hoender

Jy dra 4

30 ml/2 eetlepels sojasous

30 ml/2 eetlepels mielieblom (mieliesstysel)

15 ml/1 e ryswyn of droë sjerrie

350g/12oz hoender, in blokkies gesny

45 ml/3 eetlepels grondboontjiebotter (grondboontjie) olie.

2,5 ml/½ teelepel sout

2 knoffelhuisies, fyngekap

225 g sampioene, in skywe gesny

100 g waterkastaiings, in skywe gesny

100g/4oz bamboeslote

50 g/2 ons sneeu-ertjies (ertjies)

225 g/8 onse/2 koppies kasjoeneute

300 ml/½ tl/1¼ koppie hoenderaftreksel

Meng sojasous, mieliestysel en wyn of sjerrie, gooi oor hoender, bedek en marineer vir minstens 1 uur. Verhit 30ml/2 e olie met sout en knoffel en braai tot die knoffel ligbruin is. Voeg die hoender met die marinade by en braai vir 2 minute tot die hoender ligbruin is. Voeg die sampioene, waterkastaiings, bamboeslote en sneeu-ertjies by en braai vir 2 minute. Verhit intussen die oorblywende olie in 'n aparte pan en braai die kasjoeneute oor lae hitte vir 'n paar minute tot goudbruin. Voeg dit by die aftrekselpan, bring tot kookpunt, bedek en prut vir 5 minute. As die sous nie genoeg verdik het nie,

Hoender met kastaiings

Jy dra 4

225g/8oz hoender, in skywe gesny
5 ml/1 teelepel sout

15 ml/1 eetlepel sojasous

die gebraaide olie

250 ml/8 fl oz/1 koppie hoenderaftreksel

200 g waterkastaiings, gekap

225 g kastaiings, gekap

225 g sampioene, in kwarte gesny

15 ml/1 eetlepel vars gekapte pietersielie

Besprinkel die hoender met sout en sojasous en vryf die hoender goed. Verhit die olie en braai die hoender tot bruin, verwyder dan en dreineer. Sit die hoender in 'n pan met die sous, bring tot kookpunt en kook vir 5 minute. Voeg die waterkastaiings, kastaiings en sampioene by, bedek en prut vir sowat 20 minute tot sag. Hulle word bedien gegarneer met pietersielie.

Pittige brandrissie hoender

Jy dra 4

350g/1lb hoender, in blokkies gesny

1 eier, liggies geklits

10 ml/2 teelepels sojasous

2,5 ml/½ tl mieliemeel (mieliesstysel)

die gebraaide olie
1 groen soetrissie, in blokkies gesny
4 knoffelhuisies, fyngekap
2 rooi brandrissies, gekap
5 ml/1 teelepel varsgemaalde peper
5 ml/1 teelepel wynasyn
5 ml/1 teelepel water
2,5 ml/½ teelepel suiker
2,5 ml/½ teelepel brandrissie-olie
2,5 ml/½ tl sesamolie

Meng die hoender met die eier, die helfte van die sojasous en mieliestysel en laat staan vir 30 minute. Verhit die olie en braai die hoender tot bruin, dreineer dan goed. Gooi alles behalwe 15 ml/1 eetlepel olie uit die pan by, voeg die soetrissie, knoffel en rooipepervlokkies by en soteer vir 30 sekondes. Voeg peper, wynasyn, water en suiker by en braai vir 30 sekondes. Plaas die hoender terug in die pan en braai vir 'n paar minute tot gaar. Dit word bedien besprinkel met brandrissie en sesamolie.

Chili gebraaide hoender

Jy dra 4

225g/8oz hoender, in skywe gesny

2,5 ml/½ teelepel sojasous

2,5 ml/½ tl sesamolie

2,5 ml/½ teelepel ryswyn of droë sjerrie

5 ml/1 teelepel mielieblom (mieliestysel)

sout

45 ml/3 eetlepels grondboontjiebotter (grondboontjie) olie.

100 g/4 oz spinasie

4 sprietuie (uie), gekap

2,5 ml/½ teelepel brandrissiepoeier

15 ml/1 eetlepel water

1 tamatie, in skywe gesny

Meng die hoender met die sojasous, sesamolie, wyn of sjerrie, die helfte van die mieliestysel en 'n knippie sout. Laat rus vir 30 minute. Verhit 15 ml/1 e olie en braai die hoender tot ligbruin. Haal uit die wok. Verhit 15 ml/1 eetlepel olie en soteer die spinasie tot verlep, haal dan uit die wok. Verhit die oorblywende olie en braai die sprietuie, brandrissiepoeier, water en orige mieliestysel vir 2 minute. Roer die hoender by en braai vinnig.

Rangskik die spinasie op 'n warm bord, rangskik die hoender bo-op en sit voor gegarneerd met tamaties.

Chinese hoender

Jy dra 4

100 g Chinese blare, gekap
100 g bamboeslote, in repe gesny
60 ml/4 eetlepels grondboontjieolie (grondboontjies).
3 sprietuie (uie), in skywe gesny
2 knoffelhuisies, fyngekap
1 sny gemmerwortel, gekap
225 g hoenderborsie, in repe gesny

45 ml/3 eetlepels sojasous
15 ml/1 e ryswyn of droë sjerrie
5 ml/1 teelepel sout
2,5 ml/½ teelepel suiker
varsgemaalde peper
15 ml/1 e mielieblom (mieliestysel)

Blansjeer Chinese blare en bamboeslote vir 2 minute in kookwater. Dreineer en droog. Verhit 45 ml/3 e olie en soteer die ui, knoffel en gemmer tot ligbruin. Voeg die hoender by en soteer vir 4 minute. Verwyder uit pan. Verhit die res van die olie en soteer die groente vir 3 minute. Voeg die hoender, sojasous, wyn of sjerrie, sout, suiker en 'n knippie peper by en soteer vir 1 minuut. Meng die mieliestysel met 'n bietjie water, voeg dit by die sous en kook, terwyl jy roer, totdat die sous opklaar en verdik.

Hoender Chow Mein

Jy dra 4

30 ml/2 eetlepels grondboontjiebotterolie (grondboontjiebotter).

2 knoffelhuisies, fyngekap

450g/1lb hoender, in skywe gesny

225g/8oz bamboeslote, in skywe gesny

100g/4oz seldery, in skywe gesny

225 g sampioene, in skywe gesny

450 ml/¾ vir/2 koppies hoendersop

225 g/8 oz boontjiespruite

4 uie, in skywe gesny

30 ml/2 eetlepels sojasous

30 ml/2 eetlepels mielieblom (mieliestysel)

225 g/8 ons gedroogde Chinese noedels

Verhit die olie saam met die knoffel tot bruin, voeg dan die hoender by en braai vir 2 minute tot bruin. Voeg die bamboeslote, seldery en sampioene by en braai vir 3 minute. Voeg die meeste van die aftreksel by, bring tot kookpunt, bedek en prut vir 8 minute. Voeg die boontjiespruite en ui by en kook vir 2 minute, terwyl jy roer, totdat net 'n bietjie aftreksel oorbly. Meng die oorblywende sous met die sojasous en mieliestysel. Roer in die pan en kook, terwyl jy roer, totdat die sous opklaar en verdik.

Kook intussen die tagliatelle in kokende soutwater vir 'n paar minute volgens pakketaanwysings. Dreineer goed, meng dan met die hoendermengsel en sit dadelik voor.

Pittige bros gebraaide hoender

Jy dra 4

450g/1lb hoender, in stukke gesny
30 ml/2 eetlepels sojasous
30 ml/2 eetlepels pruimsous
45 ml/3 e mango blatjang
1 knoffelhuisie, fyngedruk
2,5 ml/½ teelepel gemaalde gemmer
'n paar druppels konjak

30 ml/2 eetlepels mielieblom (mieliesstysel)
2 geklitste eiers
100 g/4 oz/1 koppie droë broodkrummels
30 ml/2 eetlepels grondboontjiebotterolie (grondboontjiebotter).
6 sprietuie (uie), gekap
1 rooi soetrissie, in blokkies gesny
1 groen soetrissie, in blokkies gesny
30 ml/2 eetlepels sojasous
30 ml/2 lepels heuning
30 ml/2 eetlepels wynasyn

Plaas die hoender in 'n bak. Meng die souse, blatjang, knoffel, gemmer en brandewyn, giet oor die hoender, bedek en laat 2 uur lank marineer. Dreineer die hoender en bestrooi dit met mieliestysel. Dit word bedek met eiers en dan met broodkrummels. Verhit die olie en braai die hoender tot bruin. Verwyder uit pan. Voeg die groente by en braai vir 4 minute, verwyder dan. Dreineer die olie uit die pan en sit dan die hoender en groente terug in die pan saam met die ander bestanddele. Bring tot kookpunt en verhit weer voor opdiening.

Gebraaide hoender met komkommers

Jy dra 4

225 g/8 onse hoender

1 eierwit

2,5 ml/½ tl mieliemeel (mieliesstysel)

sout

½ komkommer

30 ml/2 eetlepels grondboontjiebotterolie (grondboontjiebotter).

100 g sampioene

50 g bamboeslote, in repe gesny

50g/2oz ham, in blokkies gesny

15 ml/1 eetlepel water

2,5 ml/½ teelepel sout

2,5 ml/½ teelepel ryswyn of droë sjerrie

2,5 ml/½ tl sesamolie

Sny die hoender in skywe en sny in klein stukkies. Meng met die eierwit, mieliestysel en sout en laat rus. Sny die komkommer in die lengte en sny skuins in dik skywe. Verhit die olie en braai die hoender tot dit ligbruin is, haal dit dan uit die pan. Voeg die komkommer en bamboeslote by en braai vir 1 minuut. Plaas die hoender terug in die pan met die ham, water, sout en wyn of sjerrie. Bring tot kookpunt en kook tot die hoender sag is. Dit word bedien besprinkel met sesamolie.

Brandrissie Hoender Kerrie

Jy dra 4

120 ml/½ koppie grondboontjiebotterolie.

4 stukke hoender

1 ui, gekap

5 ml/1 teelepel kerriepoeier

5 ml/1 teelepel brandrissiesous

15 ml/1 e ryswyn of droë sjerrie

2,5 ml/½ teelepel sout

600 ml/1 st/2½ koppies hoenderaftreksel

15 ml/1 e mielieblom (mieliestysel)
45 ml/3 eetlepels water
5 ml/1 teelepel sesamolie

Verhit die olie en braai die hoenderstukke tot bruin aan albei kante, haal dit dan uit die pan. Voeg die ui, kerriepoeier en soetrissiesous by en soteer vir 1 minuut. Voeg die wyn of sjerrie en sout by, meng goed, plaas dan die hoender terug in die pan en meng weer. Voeg die aftreksel by, bring tot kookpunt en prut vir sowat 30 minute tot die hoender sag is. As die sous nie genoeg verminder het nie, meng die mieliemeel en water tot 'n pasta, voeg 'n bietjie by die sous en kook, terwyl jy roer, totdat die sous verdik. Dit word bedien besprinkel met sesamolie.

Chinese hoenderkerrie

Jy dra 4

45ml/3 e kerriepoeier
1 ui, in skywe gesny
350g/12oz hoender, in blokkies gesny
150 ml/¼ pt/½ koppie hoenderaftreksel
5 ml/1 teelepel sout
10 ml/2 eetlepels mielieblom (mieliesstysel)
15 ml/1 eetlepel water

Verhit die kerriepoeier en ui in 'n droë pan vir 2 minute, draai die pan om die ui te bedek. Voeg die hoender by en meng tot goed bedek met die kerriepoeier. Voeg die aftreksel en sout by, bring tot kookpunt, bedek en prut vir sowat 5 minute tot die hoender sag is. Meng die mieliemeel en water tot 'n pasta, meng in die pan en kook, terwyl jy roer, totdat die sous verdik.

Vinnige Hoender Kerrie

Jy dra 4

450g/1lb hoenderborsie, in blokkies gesny

45 ml/3 e ryswyn of droë sjerrie

50 g/2 oz mieliemeel (mieliesstysel)

1 eierwit

sout

150 ml/¼ pt/½ koppie opgehoopte grondboontjie- (grondboontjie-) olie.

15 ml/1 e kerriepoeier

10 ml/2 teelepels bruinsuiker

150 ml/¼ pt/½ koppie hoenderaftreksel

Roer die hoenderblokkies en sjerrie by. Hou 10 ml/2 eetlepels mieliestysel eenkant. Klits die eierwit met die oorblywende mielies en 'n knippie sout, meng dan die hoender tot goed bedek. Verhit die olie en braai die hoender tot gaar en bruin. Haal uit pan en dreineer alles behalwe 15 ml/1 eetlepel olie. Roer die gereserveerde mieliemeel, kerriepoeier en suiker by en braai vir 1 minuut. Roer die sous by, bring tot kookpunt en kook, terwyl aanhoudend geroer word, totdat die sous verdik. Plaas die hoender terug in die pan, roer en verhit weer voor opdiening.

Hoenderkerrie met aartappels

Jy dra 4

45 ml/3 eetlepels grondboontjiebotter (grondboontjie) olie.

2,5 ml/½ teelepel sout

1 knoffelhuisie, fyngedruk

750g/1½lb hoender, in blokkies gesny

225 g/8 ons aartappels, in blokkies gesny

4 uie, in skywe gesny

15 ml/1 e kerriepoeier

450 ml/¾ vir/2 koppies hoendersop

225 g sampioene, in skywe gesny

Verhit die olie met sout en knoffel, voeg die hoender by en braai tot bruin. Voeg die aartappels, ui en kerriepoeier by en soteer vir 2 minute. Voeg die aftreksel by, bring tot kookpunt, bedek en prut vir sowat 20 minute tot die hoender gaar is, roer af en toe. Voeg die sampioene by, verwyder die deksel en kook vir nog 10 minute totdat die vloeistof verminder het.

Gebraaide hoenderdye

Jy dra 4
2 groot hoenderdye, sonder been
2 sprietuie (uie)
1 sny gemmer, geklits
120 ml/½ koppie sojasous
5 ml/1 teelepel ryswyn of droë sjerrie
die gebraaide olie
5 ml/1 teelepel sesamolie
varsgemaalde peper

Rol die hoender uit en smeer dit oraloor. Klits 1 ui plat en kap die ander. Meng die gemmergepaneerde ui, sojasous en wyn of sjerrie. Giet oor die hoender en laat marineer vir 30 minute. Verwyder en dreineer. Plaas op 'n bord op 'n draadrak en stoom vir 20 minute.

Verhit die olie en braai die hoender vir sowat 5 minute tot bruin. Haal uit die pan, dreineer goed en sny in dik skywe, rangskik dan die skywe op 'n warm opdienbord. Verhit die sesamolie, voeg die sprietuie en gekapte soetrissie by, gooi oor die hoender en bedien.

Gebraaide hoender met kerriesous

Jy dra 4

1 eier, liggies geklits
30 ml/2 eetlepels mielieblom (mieliestysel)
25 g/1 ons/¼ koppie gewone (allesdoel) meel.
2,5 ml/½ teelepel sout
225g/8oz hoender, in blokkies gesny
die gebraaide olie
30 ml/2 eetlepels grondboontjiebotterolie (grondboontjiebotter).
30ml/2 e kerriepoeier
60 ml/4 eetlepels ryswyn of droë sjerrie

Klits die eier met die mieliestysel, meel en sout tot jy 'n dik deeg kry. Gooi oor hoender en gooi goed om te bedek. Verhit die olie en braai die hoender tot bruin en gaar. Verhit intussen die olie en braai die kerriepoeier vir 1 minuut. Roer die wyn of sjerrie by en bring tot kookpunt. Plaas die hoender op 'n warm plaat en gooi die kerriesous daaroor.

gedrink hoender

Jy dra 4

450g/1lb hoenderfilet, in stukke gesny

60 ml/4 eetlepels sojasous

30 ml/2 eetlepels hoisinsous

30 ml/2 eetlepels pruimsous

30 ml/2 eetlepels wynasyn

2 knoffelhuisies, fyngekap

n knippie sout

'n paar druppels warm peperolie

2 eierwitte

60 ml/4 eetlepels mielieblom (mieliesstysel)

die gebraaide olie

200 ml/½ pt/1¼ koppie ryswyn of droë sjerrie

Plaas die hoender in 'n bak. Meng die souse en wynasyn, knoffel, sout en brandrissie-olie, gooi oor die hoender en marineer in die yskas vir 4 uur. Klits die eierwitte tot 'n skuim en voeg die mieliestysel in. Haal die hoender uit die marinade en bedek met die eierwitmengsel. Verhit die olie en braai die hoender tot gaar en bruin. Dreineer hulle goed op kombuispapier en sit dit in 'n bak. Gooi die wyn of sjerrie oor, bedek en marineer in die yskas vir 12 uur. Haal die hoender uit die wyn en sit koud voor.

Gesoute hoender met eier

Jy dra 4

30 ml/2 eetlepels grondboontjiebotterolie (grondboontjiebotter).

4 stukke hoender

2 sprietuie (uie), gekap

1 knoffelhuisie, fyngedruk

1 sny gemmerwortel, gekap

175 ml/6 fl oz/¾ koppie sojasous

30 ml/2 eetlepels ryswyn of droë sjerrie

30 ml/2 e bruinsuiker

5 ml/1 teelepel sout
375 ml/13 fl oz/1½ koppie water
4 hardgekookte eiers (gekook).
15 ml/1 e mielieblom (mieliestysel)

Verhit die olie en braai die hoenderstukke tot bruin. Voeg die sprietuie, knoffel en gemmer by en soteer vir 2 minute. Voeg die sojasous, wyn of sjerrie, suiker en sout by en meng goed. Voeg die water by en bring tot kookpunt, bedek en prut vir 20 minute. Voeg die hardgekookte eiers by, bedek en kook vir nog 15 minute. Meng die mieliestysel met 'n bietjie water, voeg dit by die sous en kook, terwyl jy roer, totdat die sous opklaar en verdik.

Hoender eierrolletjies

Jy dra 4

4 gedroogde Chinese sampioene

100g/4oz hoender, in repe gesny

5 ml/1 teelepel mieliebom (mieliesstysel)

15 ml/1 eetlepel sojasous

2,5 ml/½ teelepel sout

2,5 ml/½ teelepel suiker

60 ml/4 eetlepels grondboontjieolie (grondboontjies).

225 g/8 oz boontjiespruite

3 sprietuie (uie), gekap

100 g/4 oz spinasie

12 eierrolletjies

1 geklitste eier

die gebraaide olie

Week die sampioene vir 30 minute in warm water en dreineer dan. Gooi die stingels weg en sny die doppies af. Plaas die hoender in 'n bak. Meng die mieliemeel met 5ml/1e sojasous, sout en suiker en roer by die hoender. Laat rus vir 15 minute.

Verhit die helfte van die olie en braai die hoender tot ligbruin. Blansjeer die boontjiespruite vir 3 minute in kookwater en dreineer dan. Verhit die oorblywende olie en braai die sprietuie tot ligbruin. Roer die sampioene, boontjiespruite, spinasie en orige sojasous by. Voeg die hoender by en soteer vir 2 minute. Laat afkoel. Sit 'n bietjie vulsel in die middel van elke dop en smeer die rande met geklitste eier. Vou die kante en rol dan die rolle op, verseël die rande met eier.

Gestoofde Hoender Met Eiers

Jy dra 4

30 ml/2 eetlepels grondboontjiebotterolie (grondboontjiebotter).

4 hoenderborsfilette, in repe gesny

1 rooi soetrissie, in repe gesny

1 groen soetrissie, in repe gesny

45 ml/3 eetlepels sojasous

45 ml/3 e ryswyn of droë sjerrie

250 ml/8 fl oz/1 koppie hoenderaftreksel

100 g ysbergslaai, gekap

5 ml/1 teelepel bruinsuiker

30 ml/2 eetlepels hoisinsous

sout en peper

15 ml/1 e mielieblom (mieliestysel)

30 ml/2 eetlepels water

4 eiers

30ml/2 e sjerrie

Verhit die olie en braai die hoender en soetrissies tot bruin. Voeg die sojasous, wyn of sjerrie en aftreksel by, bring tot kookpunt, bedek en prut vir 30 minute. Voeg die blaarslaai, suiker en hoisinsous by en geur met sout en peper. Meng die mieliemeel en water, voeg by die sous en bring tot kookpunt, terwyl jy roer. Eiers word met sjerrie geklits en as dun omelette gebraai. Sprinkel sout en peper oor en sny in repe. Rangskik in 'n warm opdienskottel en gooi oor die hoender.

Hoender uit die Verre Ooste

Jy dra 4

60 ml/4 eetlepels grondboontjieolie (grondboontjies).
450g/1lb hoender, in stukke gesny
2 knoffelhuisies, fyngekap
2,5 ml/½ teelepel sout
2 uie, gekap
2 stukke gemmerstingel, gekap
45 ml/3 eetlepels sojasous
30 ml/2 eetlepels hoisinsous
45 ml/3 e ryswyn of droë sjerrie
300 ml/½ tl/1¼ koppie hoenderaftreksel
5 ml/1 teelepel varsgemaalde peper
6 hardgekookte (gekookte) eiers, gekap
15 ml/1 e mielieblom (mieliestysel)
15 ml/1 eetlepel water

Verhit die olie en braai die hoender tot bruin. Voeg die knoffel, sout, ui en gemmer by en soteer vir 2 minute. Voeg die sojasous, hoisinsous, wyn of sjerrie, aftreksel en peper by. Bring tot kookpunt, bedek en prut vir 30 minute. Voeg die eiers by. Meng die mieliemeel en water en roer by die sous. Bring tot kookpunt en kook, terwyl jy roer, totdat die sous verdik.

Foo Yung Hoender

Jy dra 4

6 geklitste eiers
45 ml/3 eetlepels mielieblom (mieliesstysel)
100 g sampioene, grof gekap
225g/8oz hoenderborsie, in blokkies gesny
1 ui, fyn gekap
5 ml/1 teelepel sout
45 ml/3 eetlepels grondboontjiebotter (grondboontjie) olie.

Klits die eiers en voeg dan die mieliestysel by. Meng al die ander bestanddele behalwe die olie. Verhit die olie. Gooi die mengsel bietjie op 'n slag in die pan om pannekoeke van sowat 7,5 cm in deursnee te vorm. Kook tot die bodem goudbruin is, draai dan om en kook die ander kant.

Ham en Hoender Foo Yung

Jy dra 4

6 geklitste eiers
45 ml/3 eetlepels mielieblom (mieliesstysel)
100g/4oz ham, in blokkies gesny
225g/8oz hoenderborsie, in blokkies gesny
3 sprietuie (ui), fyn gekap
5 ml/1 teelepel sout
45 ml/3 eetlepels grondboontjiebotter (grondboontjie) olie.

Klits die eiers en voeg dan die mieliestysel by. Meng al die ander bestanddele behalwe die olie. Verhit die olie. Gooi die mengsel bietjie op 'n slag in die pan om pannekoeke van sowat 7,5 cm in deursnee te vorm. Kook tot die bodem goudbruin is, draai dan om en kook die ander kant.

Gebraaide hoender met gemmer

Jy dra 4

1 hoender, in die helfte gesny
4 snye gemmerwortel, fyngedruk
30 ml/2 eetlepels ryswyn of droë sjerrie
30 ml/2 eetlepels sojasous
5 ml/1 teelepel suiker
die gebraaide olie

Plaas die hoender in 'n vlak bak. Meng die gemmer, wyn of sjerrie, sojasous en suiker, gooi oor die hoender en vryf in die vel in. Laat marineer vir 1 uur. Verhit die olie en braai die hoender, half op 'n slag, tot ligkleurig. Haal uit die olie en laat dit 'n bietjie afkoel terwyl jy die olie verhit. Plaas die hoender terug in die pan en braai tot bruin en gaar. Dreineer goed voor opdiening.

Hoender met gemmer

Jy dra 4

225 g/8 oz hoender, in dun skywe gesny
1 eierwit
n knippie sout
2,5 ml/½ tl mieliemeel (mieliesstysel)
15 ml/1 eetlepel grondboontjieolie (grondboontjies).
10 snye gemmerwortel
6 sampioene, in die helfte gesny
1 wortel, in skywe gesny
2 sprietuie (uie), in skywe gesny
5 ml/1 teelepel ryswyn of droë sjerrie
5 ml/1 teelepel water
2,5 ml/½ tl sesamolie

Meng die hoender met die eierwit, sout en mieliestysel. Verhit die helfte van die olie en braai die hoender tot ligbruin, haal dan uit die pan. Verhit die oorblywende olie en braai die gemmer, sampioene, wortel en sprietuie vir 3 minute. Plaas die hoender terug in die pan met die wyn of sjerrie en water en kook tot die hoender sag is. Dit word bedien besprinkel met sesamolie.

Gemmerhoender met sampioene en kastaiings

Jy dra 4

60 ml/4 eetlepels grondboontjieolie (grondboontjies).
225 g ui, in skywe gesny
450g/1lb hoender, in blokkies gesny
100 g sampioene, in skywe gesny
30 ml/2 e gewone meel (allemaal).
60 ml/4 eetlepels sojasous
10 ml/2 teelepels suiker
sout en varsgemaalde peper
900 ml/1½ pt/3¾ koppies warm water
2 snye gemmerwortel, gekap
450g/1lb waterkastaiings

Verhit die helfte van die olie en braai die ui vir 3 minute, haal dan uit die pan. Verhit die oorblywende olie en braai die hoender tot ligbruin.

Voeg die sampioene by en kook vir 2 minute. Sprinkel die mengsel met meel en meng dan die sojasous, suiker, sout en peper by. Gooi die water en gemmer, ui en kastaiings. Bring tot kookpunt, bedek en prut vir 20 minute. Haal die deksel af en prut verder tot die sous verminder.

Goue hoender

Jy dra 4

8 klein stukkies hoender
300 ml/½ tl/1 ¼ koppie hoenderaftreksel
45 ml/3 eetlepels sojasous
15 ml/1 e ryswyn of droë sjerrie
5 ml/1 teelepel suiker
1 gesnyde gemmerwortel, fyngekap

Gooi al die bestanddele in 'n groot pot, bring tot kookpunt, bedek en prut vir sowat 30 minute tot die hoender gaar is. Haal die deksel af en prut verder tot die sous verminder.

Gemarineerde goue hoenderbredie

Jy dra 4

4 stukke hoender

300 ml/½ pt/1¼ koppie sojasous

die gebraaide olie

4 sprietuie (uie), dik gesny

1 sny gemmerwortel, gekap

2 rooi brandrissies, in skywe gesny

3 snye steranys

50g/2oz bamboeslote, in skywe gesny

150ml/1½ pct/½ vol koppie hoenderbouillon

30 ml/2 eetlepels mielieblom (mieliesstysel)

60 ml/4 eetlepels water

5 ml/1 teelepel sesamolie

Sny die hoender in groot stukke en marineer in sojasous vir 10 minute. Verwyder en dreineer, behou die sojasous. Verhit die olie en braai die hoender vir sowat 2 minute tot bruin. Verwyder en dreineer. Gooi alles behalwe 30ml/2e olie in, voeg dan die sprietuie, gemmer, brandrissie en steranys by en soteer vir 1 minuut. Plaas die hoender terug in die pan met die bamboeslote en gereserveerde sojasous en voeg genoeg aftreksel by om die hoender te bedek. Bring tot kookpunt en prut vir sowat 10 minute tot die hoender sag is. Verwyder die hoender uit die sous met 'n gaatjieslepel en rangskik op 'n warm bord. Syg die sous dan terug in die pan. Meng die mieliemeel en water totdat jy 'n pasta kry,

Goue munte

Jy dra 4

4 hoenderborsfilette

30 ml/2 lepels heuning

30 ml/2 eetlepels wynasyn

30 ml/2 eetlepels tamatieketchup (catsup)

30 ml/2 eetlepels sojasous

n knippie sout
2 knoffelhuisies, fyngekap
5ml/1 teelepel vyf speserye poeier
45 ml/3 eetlepels gewone meel (alles).
2 geklitste eiers
5 ml/1 tl gerasperde gemmerwortel
5 ml/1 tl gerasperde suurlemoenskil
100 g/4 oz/1 koppie droë broodkrummels
die gebraaide olie

Plaas die hoender in 'n bak. Meng die heuning, wynasyn, ketchup, sojasous, sout, knoffel en vyfspeserypoeier saam. Gooi oor die hoender, meng goed, bedek en marineer in die yskas vir 12 uur.

Verwyder die hoender uit die marinade en sny in vingerdik repe. Bestuif met meel. Klits die eiers, gemmer en suurlemoenskil. Bedek die hoender in die mengsel en dan in die broodkrummels tot eweredig bedek. Verhit die olie en braai die hoender tot bruin.

Gestoomde hoender met ham

Jy dra 4

4 porsies hoender
100g/4oz gerookte ham, gekap
3 sprietuie (uie), gekap
15 ml/1 eetlepel grondboontjieolie (grondboontjies).
sout en varsgemaalde peper
15 ml/1 eetlepel plat pietersielie

Sny die hoenderporsies in 5cm/1 stukke en plaas in 'n oondvaste bak saam met die ham en sprietuie. Bedruip met olie en geur met sout en peper, gooi dan liggies. Plaas die gereg op 'n rak in 'n stoompot, bedek en stoom oor kookwater vir sowat 40 minute tot die hoender sag is. Hulle word bedien gegarneer met pietersielie.

Hoender met Hoisinsous

Jy dra 4

4 porsies hoender, in die helfte gesny
50 g/2 oz/½ koppie mieliemeel (mieliestysel)
die gebraaide olie
10 ml/2 tl gerasperde gemmerwortel
2 uie, gekap
225 g broccoli blommetjies
1 rooi soetrissie, gekap
225g/8oz knopiesampioene
250 ml/8 fl oz/1 koppie hoenderaftreksel

45 ml/3 e ryswyn of droë sjerrie
45 ml/3 eetlepels asyn
45 ml/3 eetlepels hoisinsous
20 ml/4 teelepels sojasous

Bedek die hoenderstukke met die helfte van die mieliemeel. Verhit die olie en braai die hoenderstukke 'n paar op 'n slag vir sowat 8 minute tot bruin en gaar. Haal uit die pan en dreineer op kombuispapier. Verwyder alles behalwe 30ml/2 e olie uit die pan en braai die gemmer vir 1 minuut. Voeg die ui by en soteer vir 1 minuut. Voeg broccoli, soetrissie en sampioene by en braai vir 2 minute. Kombineer die aftreksel met die gereserveerde room en oorblywende bestanddele en voeg by die pan. Bring tot kookpunt, roer en kook tot die sous skoon is. Plaas die hoender terug in die wok en kook, terwyl jy roer, tot deurwarm, sowat 3 minute.

Hoender met heuning

Jy dra 4

30 ml/2 eetlepels grondboontjiebotterolie (grondboontjiebotter).
4 stukke hoender
30 ml/2 eetlepels sojasous

120 ml/½ koppie ryswyn of droë sjerrie

30 ml/2 lepels heuning

5 ml/1 teelepel sout

1 sprietuie (ui), gekap

1 sny gemmerwortel, fyn gekap

Verhit die olie en braai die hoender tot bruin aan alle kante. Dreineer oortollige olie. Meng die ander bestanddele en gooi in die pan. Bring tot kookpunt, bedek en prut vir sowat 40 minute tot die hoender gaar is.

hoender "Kung Pao

Jy dra 4

450g/1lb hoender, in blokkies gesny

1 eierwit

5 ml/1 teelepel sout

30 ml/2 eetlepels mielieblom (mieliesstysel)

60 ml/4 eetlepels grondboontjieolie (grondboontjies).

25g/1oz gedroogde rooi brandrissie, geskil

5 ml/1 teelepel gemaalde knoffel

15 ml/1 eetlepel sojasous

15ml/1 e ryswyn of droë sjerrie 5ml/1 e suiker

5 ml/1 teelepel wynasyn

5 ml/1 teelepel sesamolie

30 ml/2 eetlepels water

Sit die hoender in 'n bak saam met die eierwit, sout en die helfte van die mieliestysel en laat dit vir 30 minute marineer. Verhit die olie en braai die hoender tot ligbruin, haal dan uit die pan. Verhit die olie en braai die brandrissie en knoffel vir 2 minute. Plaas die hoender terug in die pan met die sojasous, wyn of sjerrie, suiker, wynasyn en sesamolie en braai vir 2 minute. Meng die oorblywende mieliemeel met die water, roer in die pan en kook, terwyl jy roer, totdat die sous opklaar en verdik.

Hoender met preie

Jy dra 4

30 ml/2 eetlepels grondboontjiebotterolie (grondboontjiebotter).
5 ml/1 teelepel sout
225 g prei, in skywe gesny
1 sny gemmerwortel, gekap
225 g/8 oz hoender, in dun skywe gesny
15 ml/1 e ryswyn of droë sjerrie
15 ml/1 eetlepel sojasous

Verhit die helfte van die olie en soteer die sout en preie totdat dit ligbruin is, haal dan uit die pan. Verhit die oorblywende olie en braai die gemmer en hoender tot ligbruin. Voeg die wyn of sjerrie en sojasous by en roerbraai vir nog 2 minute tot die hoender gaar is. Plaas die preie in die pan en roer tot deurwarm. Bedien dadelik.

Suurlemoen Hoender

Jy dra 4

4 hoenderborsies sonder been
2 eiers
50 g/2 oz/½ koppie mieliemeel (mieliesstysel)
50 g/2 oz/½ koppie gewone (alledaagse) meel.
150 ml/¼ pt/½ vol koppie water
grondboontjieolie (grondboontjies) vir braai
250 ml/8 fl oz/1 koppie hoenderaftreksel
60 ml/5 eetlepels suurlemoensap
30 ml/2 eetlepels ryswyn of droë sjerrie
30 ml/2 eetlepels mielieblom (mieliesstysel)
30 ml/2 e tamatiepuree (pasta)

1 kop blaarslaai

Sny elke hoenderborsie in 4 stukke. Klits die eiers, mieliestysel en meel saam en voeg genoeg water by om 'n dik beslag te maak. Plaas die hoenderstukke in die beslag en gooi tot heeltemal bedek. Verhit die olie en braai die hoender tot bruin en gaar.

Roer intussen die aftreksel, suurlemoensap, wyn of sjerrie, room en tamatiepuree by en verhit liggies, terwyl jy roer, tot kookpunt. Kook, terwyl jy aanhoudend roer, totdat die sous verdik en opklaar. Rangskik die hoender op 'n warm bord op 'n bed slaaiblare en gooi die sous oor of sit voor op die kant.

Pangebraaide Suurlemoenhoender

Jy dra 4

450g/1lb ontbeende hoender, in skywe gesny
30 ml/2 eetlepels suurlemoensap
15 ml/1 eetlepel sojasous
15 ml/1 e ryswyn of droë sjerrie
30 ml/2 eetlepels mielieblom (mieliesstysel)
30 ml/2 eetlepels grondboontjiebotterolie (grondboontjiebotter).
2,5 ml/½ teelepel sout
2 knoffelhuisies, fyngekap
50 g waterkastaiings, in repe gesny
50 g bamboeslote, in repe gesny
'n paar Chinese blare, in repe gesny
60ml/4 e hoenderaftreksel
15 ml/1 e tamatiepuree (pasta)
15 ml/1 eetlepel suiker
15 ml/1 eetlepel suurlemoensap

Plaas die hoender in 'n bak. Meng die suurlemoensap, sojasous, wyn of sjerrie en 15ml/1 e mielieblom, gooi oor die hoender en laat marineer vir 1 uur, draai af en toe om.

Verhit die olie, sout en knoffel tot die knoffel ligbruin is, voeg dan die hoender en marinade by en braai vir sowat 5 minute tot die hoender ligbruin is. Voeg die waterkastaiings, bamboeslote en Chinese blare by en roerbraai vir nog 3 minute of tot die hoender gaar is. Voeg die oorblywende bestanddele by en braai vir sowat 3 minute tot die sous opklaar en verdik.

Hoenderlewer met bamboeslote

Jy dra 4

225g hoenderlewer, in dik skywe gesny
45 ml/3 e ryswyn of droë sjerrie
45 ml/3 eetlepels grondboontjiebotter (grondboontjie) olie.
15 ml/1 eetlepel sojasous
100g bamboeslote, in skywe gesny
100 g waterkastaiings, in skywe gesny
60ml/4 e hoenderaftreksel
sout en varsgemaalde peper

Meng die hoenderlewers met die wyn of sjerrie en laat staan vir 30 minute. Verhit die olie en braai die hoenderlewers tot ligbruin.

Voeg die marinade, sojasous, bamboeslote, waterkastaiings en sop by. Bring tot kookpunt en geur met sout en peper. Bedek en prut vir sowat 10 minute tot sag.

Gebraaide hoenderlewers

Jy dra 4

450 g hoenderlewer, in die helfte gesny
50 g/2 oz/½ koppie mieliemeel (mieliesstysel)
die gebraaide olie

Dep die hoenderlewers droog, bestrooi dan met die mieliemeel, skud die oortollige af. Verhit die olie en braai die hoenderlewers vir 'n paar minute tot bruin en gaar. Dreineer op kombuispapier voor opdiening.

Hoenderlewer met sneeu-ertjies

Jy dra 4

225g hoenderlewer, in dik skywe gesny

10 ml/2 eetlepels mielieblom (mieliesstysel)

10 ml/2 tl ryswyn of droë sjerrie

15 ml/1 eetlepel sojasous

45 ml/3 eetlepels grondboontjiebotter (grondboontjie) olie.

2,5 ml/½ teelepel sout

2 snye gemmerwortel, gekap

100 g/4 ons sneeu-ertjies (ertjies)

10 ml/2 eetlepels mielieblom (mieliesstysel)

60 ml/4 eetlepels water

Plaas die hoenderlewers in 'n bak. Voeg die mieliemeel, wyn of sjerrie en sojasous by en meng goed om te bedek. Verhit die helfte van die olie en braai die sout en gemmer tot goudbruin. Voeg die sneeu-ertjies by en soteer tot goed bedek met olie, haal dan uit die pan. Verhit die oorblywende olie en braai die hoenderlewers vir 5 minute tot gaar. Meng die mieliemeel en water tot 'n pasta, meng dit in die pan en kook, terwyl jy roer, totdat die sous opklaar en verdik. Plaas die sneeu-ertjies terug in die pan en kook tot deurwarm.

Hoenderlewer met noedelpannekoeke

Jy dra 4

30 ml/2 eetlepels grondboontjiebotterolie (grondboontjiebotter).

1 ui, in skywe gesny

450 g hoenderlewer, in die helfte gesny

2 selderystokkies, in skywe gesny

120 ml/½ koppie hoenderaftreksel

15 ml/1 e mielieblom (mieliestysel)

15 ml/1 eetlepel sojasous

30 ml/2 eetlepels water

deeg pannekoek

Verhit die olie en soteer die ui tot sag. Voeg die hoenderlewers by en braai tot bruin. Voeg die seldery by en soteer vir 1 minuut. Voeg aftreksel by, bring tot kookpunt, bedek en prut vir 5 minute. Meng die mieliemeel, sojasous en water tot 'n pasta, roer in die pan en kook, terwyl jy roer, totdat die sous opklaar en verdik. Gooi die mengsel oor die noedelpannekoek en bedien.

Hoenderlewer met oestersous

Jy dra 4

45 ml/3 eetlepels grondboontjiebotter (grondboontjie) olie.
1 ui, gekap
225g hoenderlewer, in die helfte gesny
100 g sampioene, in skywe gesny
30 ml/2 eetlepels oestersous
15 ml/1 eetlepel sojasous
15 ml/1 e ryswyn of droë sjerrie
120 ml/½ koppie hoenderaftreksel
5 ml/1 teelepel suiker
15 ml/1 e mielieblom (mieliestysel)
45 ml/3 eetlepels water

Verhit die helfte van die olie en braai die ui tot sag. Voeg die hoenderlewers by en braai tot bruin. Voeg die sampioene by en braai vir 2 minute. Meng die oestersous, sojasous, wyn of sjerrie, aftreksel en suiker, gooi in pan en bring tot kookpunt, terwyl jy roer. Meng die mieliemeel en water tot 'n pasta, voeg by die pan en kook, terwyl jy roer, totdat die sous opklaar en verdik en die lewers sag is.

Hoenderlewer met pynappel

Jy dra 4

225g hoenderlewer, in die helfte gesny
45 ml/3 eetlepels grondboontjiebotter (grondboontjie) olie.
30 ml/2 eetlepels sojasous
15 ml/1 e mielieblom (mieliestysel)
15 ml/1 eetlepel suiker
15 ml/1 eetlepel wynasyn
sout en varsgemaalde peper
100 g/4 oz pynappelstukke
60ml/4 e hoenderaftreksel

Kook die hoenderlewers vir 30 sekondes in kookwater en dreineer dan. Verhit die olie en braai die hoenderlewers vir 30 sekondes. Meng die sojasous, mieliestysel, suiker, wynasyn, sout en peper, gooi in pan en meng goed om die hoenderlewers te bedek. Voeg die pynappelblokkies en aftreksel by en braai vir sowat 3 minute tot die lewers gaar is.

Soetsuur hoenderlewer

Jy dra 4

30 ml/2 eetlepels grondboontjiebotterolie (grondboontjiebotter).
450g/1lb hoenderlewer, in kwarte
2 groenrissies, in stukke gesny
4 blikkies pynappelskywe, in stukke gesny
60ml/4 e hoenderaftreksel
30 ml/2 eetlepels mielieblom (mieliesstysel)
10 ml/2 teelepels sojasous
100 g/4 oz/½ koppie suiker
120 ml/½ koppie wynasyn
120 ml/½ koppie water

Verhit die olie en braai die lewers tot ligbruin en sit dan oor na 'n warm opdienskottel. Voeg die soetrissies by die pan en braai vir 3 minute. Voeg die pynappel en aftreksel by, bring tot kookpunt, bedek en prut vir 15 minute. Meng die ander bestanddele tot 'n pasta, meng in die pan en kook, terwyl jy roer, totdat die sous verdik. Gooi oor die hoenderlewers en bedien.

Hoender met lychees

Jy dra 4

3 hoenderborsies
60 ml/4 eetlepels mielieblom (mieliesstysel)
45 ml/3 eetlepels grondboontjiebotter (grondboontjie) olie.
5 sprietuie (uie), in skywe gesny
1 rooi soetrissie, in klein stukkies gesny
120 ml/4 fl oz/½ koppie tamatiesous
120 ml/½ koppie hoenderaftreksel
5 ml/1 teelepel suiker
275 g/10 ons geskilde lychee

Halveer die hoenderborsie en verwyder en gooi die bene en vel weg. Sny elke bors in 6. Hou 5ml/1 tl mieliemeel eenkant en gooi hoender in die res tot goed bedek. Verhit die olie en braai die hoender vir sowat 8 minute tot bruin. Voeg die sprietuie en soetrissie by en soteer vir 1 minuut. Meng die tamatiesous, die helfte van die aftreksel en die suiker en roer by die wok saam met die lychees. Bring tot kookpunt, bedek en prut vir sowat 10 minute tot die hoender gaar is. Roer die mieliemeel en gereserveerde aftreksel by en roer dan in die pan. Kook, roer, totdat die sous helder is en verdik.

Hoender met lychee sous

Jy dra 4

225 g/8 oz hoender

1 sprietuie (ui)

4 waterkastaiings

30 ml/2 eetlepels mielieblom (mieliesstysel)

45 ml/3 eetlepels sojasous

30 ml/2 eetlepels ryswyn of droë sjerrie

2 eierwitte

die gebraaide olie

400 g/14 ons blikkie lychees in stroop

5 eetlepels hoendersop

Maal (kap) die hoender saam met die sprietuie en waterkastaiings. Roer 1/2 die mieliemeel, 30 ml/2 e sojasous, die wyn of sjerrie en die eierwitte by. Vorm die mengsel in okkerneutgrootte balletjies. Verhit die olie en braai die hoender tot bruin. Dreineer op kombuispapier.

Verhit intussen die lychee-stroop saggies met die aftreksel en gereserveerde sojasous. Meng die oorblywende mieliemeel met 'n bietjie water, roer in die pan en kook, terwyl jy roer, totdat die sous opklaar en verdik. Roer die lychee by en kook tot deurwarm. Rangskik die hoender op 'n warm bord, gooi die lychees en salsa oor en sit dadelik voor.

Hoender met sneeu-ertjies

Jy dra 4

225 g/8 oz hoender, in dun skywe gesny
5 ml/1 teelepel mielieblom (mieliestysel)
5 ml/1 teelepel ryswyn of droë sjerrie
5 ml/1 teelepel sesamolie
1 eierwit, liggies geklits
45 ml/3 eetlepels grondboontjiebotter (grondboontjie) olie.
1 knoffelhuisie, fyngedruk
1 sny gemmerwortel, gekap
100 g/4 ons sneeu-ertjies (ertjies)
120 ml/½ koppie hoenderaftreksel
sout en varsgemaalde peper

Meng die hoender met die mieliestysel, wyn of sjerrie, sesamolie en eierwit. Verhit die helfte van die olie en soteer die knoffel en gemmer tot ligbruin. Voeg die hoender by en braai tot goudbruin, haal dan uit die pan. Verhit die oorblywende olie en braai die sneeu-ertjies vir 2 minute. Voeg aftreksel by, bring tot kookpunt, bedek en prut vir 2 minute. Plaas die hoender terug in die pan en geur met sout en peper. Kook tot deurwarm.

Mango baba

Jy dra 4

100 g/4 oz/1 koppie gewone meel (allemaal).
250 ml/8 fl oz/1 koppie water
2,5 ml/½ teelepel sout
bakpoeier
3 hoenderborsies
die gebraaide olie
1 sny gemmerwortel, gekap
150 ml/¼ pt/½ koppie hoenderaftreksel
45 ml/3 eetlepels wynasyn
45 ml/3 e ryswyn of droë sjerrie
20 ml/4 teelepels sojasous
10 ml/2 teelepels suiker
10 ml/2 eetlepels mielieblom (mieliesstysel)
5 ml/1 teelepel sesamolie
5 sprietuie (uie), in skywe gesny
400g/11oz blik mango, gedreineer en in skywe gesny

Meng die meel, water, sout en gis. Laat rus vir 15 minute. Verwyder en gooi die vel en bene van die hoender weg. Sny die hoender in dun repies. Meng hulle by die meelmengsel. Verhit die olie en braai die hoender vir sowat 5 minute tot bruin. Haal uit die pan en dreineer op kombuispapier. Verwyder alles behalwe 15 ml/1 eetlepel olie uit die wok en braai die gemmer tot ligbruin. Meng die sous met die wynasyn, wyn of sjerrie, sojasous, suiker, room en sesamolie. Voeg by die pan en bring tot kookpunt, terwyl jy roer. Voeg die sprietuie by en kook vir 3 minute. Voeg die hoender en mango by en kook, terwyl jy roer, vir 2 minute.

Waatlemoen Gevul met Hoender

Jy dra 4

350g/12oz hoender

6 waterkastaiings

2 uitgedopte mossels

4 skywe gemmerwortel

5 ml/1 teelepel sout

15 ml/1 eetlepel sojasous

600 ml/1 st/2½ koppies hoenderaftreksel

8 klein of 4 medium spanspekke

Maak die hoender, kastaiings, mossels en gemmer fyn en meng met die sout, sojasous en aftreksel. Sny die bokant van die spanspekke af en verwyder die pitte. Teken die boonste rande. Vul die kantaloepe met die hoendermengsel en plaas op 'n rak in 'n stoomoond. Stoom in kookwater vir 40 minute tot die hoender gaar is.

Gebraaide hoender en sampioene

Jy dra 4

45 ml/3 eetlepels grondboontjiebotter (grondboontjie) olie.
1 knoffelhuisie, fyngedruk
1 sprietuie (ui), gekap
1 sny gemmerwortel, gekap
225 g hoenderborsie, in vlokkies gesny
225g/8oz knopiesampioene
45 ml/3 eetlepels sojasous
15 ml/1 e ryswyn of droë sjerrie
5 ml/1 teelepel mielieblom (mieliesstysel)

Verhit die olie en braai die knoffel, sprietuie en gemmer tot dit ligbruin is. Voeg die hoender by en soteer vir 5 minute. Voeg die sampioene by en braai vir 3 minute. Voeg die sojasous, wyn of sjerrie en mieliemeel by en braai vir sowat 5 minute tot die hoender gaar is.

Hoender met sampioene en haselneute

Jy dra 4

30 ml/2 eetlepels grondboontjiebotterolie (grondboontjiebotter).

2 knoffelhuisies, fyngekap

1 sny gemmerwortel, gekap

450g/1lb ontbeende hoender, in blokkies gesny

225g/8oz knopiesampioene

100 g bamboeslote, in repe gesny

1 groen soetrissie, in blokkies gesny

1 rooi soetrissie, in blokkies gesny

250 ml/8 fl oz/1 koppie hoenderaftreksel

30 ml/2 eetlepels ryswyn of droë sjerrie

15 ml/1 eetlepel sojasous

15 ml/1 eetlepel Tabasco-sous

30 ml/2 eetlepels mielieblom (mieliesstysel)

30 ml/2 eetlepels water

Verhit die olie, knoffel en gemmer tot die knoffel ligbruin is. Voeg die hoender by en braai tot ligbruin. Voeg die sampioene, bamboeslote en soetrissies by en braai vir 3 minute. Voeg die aftreksel, wyn of sjerrie, sojasous en Tabasco-sous by en bring tot kookpunt terwyl jy roer. Bedek en prut vir sowat 10 minute tot die hoender gaar is. Meng die mieliemeel en water en roer by die sous. Kook, roer, totdat die sous opklaar en verdik, voeg nog 'n bietjie aftreksel of water by as die sous te dik is.

Gebraaide hoender met sampioene

Jy dra 4

6 gedroogde Chinese sampioene
1 hoenderborsie, dun gesny
1 sny gemmerwortel, gekap
2 sprietuie (uie), gekap
15 ml/1 e mielieblom (mieliestysel)
15 ml/1 e ryswyn of droë sjerrie
30 ml/2 eetlepels water
2,5 ml/½ teelepel sout
45 ml/3 eetlepels grondboontjiebotter (grondboontjie) olie.
225 g sampioene, in skywe gesny
100 g boontjiespruite
15 ml/1 eetlepel sojasous
5 ml/1 teelepel suiker
120 ml/½ koppie hoenderaftreksel

Week die sampioene vir 30 minute in warm water en dreineer dan. Gooi die stingels weg en sny die doppies af. Plaas die hoender in 'n bak. Meng die gemmer, sprietuie, mieliestysel, wyn of sjerrie, water en sout, voeg by die hoender en laat rus vir 1 uur. Verhit die helfte van die olie en braai die hoender tot ligbruin, haal dan uit die pan. Verhit die oorblywende olie en soteer die gedroogde en vars sampioene en boontjiespruite vir 3 minute. Voeg die sojasous, suiker en aftreksel by, bring tot kookpunt, bedek en prut vir 4 minute tot die groente net sag is. Plaas die hoender terug in die pan, gooi goed en verhit weer liggies voor opdiening.

Gestoomde hoender met sampioene

Jy dra 4

4 stukke hoender
30 ml/2 eetlepels mielieblom (mieliesstysel)
30 ml/2 eetlepels sojasous
3 sprietuie (uie), gekap
2 snye gemmerwortel, gekap
2,5 ml/½ teelepel sout
100 g sampioene, in skywe gesny

Sny die hoenderstukke in 5cm/2 stukke en plaas in 'n oondvaste bak. Meng die mieliemeel en sojasous tot 'n pasta, roer die sprietuie, gemmer en sout by en meng goed met die hoender. Roer die sampioene liggies by. Plaas die gereg op 'n rak in 'n stoompot, bedek en stoom oor kookwater vir sowat 35 minute tot die hoender sag is.

Hoender met uie

Jy dra 4

60 ml/4 eetlepels grondboontjieolie (grondboontjies).
2 uie, gekap
450g/1lb hoender, in skywe gesny
30 ml/2 eetlepels ryswyn of droë sjerrie
250 ml/8 fl oz/1 koppie hoenderaftreksel
45 ml/3 eetlepels sojasous
30 ml/2 eetlepels mielieblom (mieliesstysel)
45 ml/3 eetlepels water

Verhit die olie en braai die ui tot dit ligbruin is. Voeg die hoender by en braai tot ligbruin. Voeg die wyn of sjerrie, aftreksel en sojasous by, bring tot kookpunt, bedek en prut vir 25 minute tot die hoender sag is. Meng die mieliemeel en water tot 'n pasta, meng dit in die pan en kook, terwyl jy roer, totdat die sous opklaar en verdik.

Hoender met lemoen en suurlemoen

Jy dra 4

350g/1lb hoender, in repe gesny
30 ml/2 eetlepels grondboontjiebotterolie (grondboontjiebotter).
2 knoffelhuisies, fyngekap
2 snye gemmerwortel, gekap
gerasperde skil van ½ lemoen
gerasperde skil van ½ suurlemoen
45 ml/3 eetlepels lemoensap
45 ml/3 eetlepels suurlemoensap
15 ml/1 eetlepel sojasous
3 sprietuie (uie), gekap
15 ml/1 e mielieblom (mieliestysel)
45 ml/1 eetlepel water

Kook die hoender vir 30 sekondes in kookwater en dreineer dan. Verhit die olie en soteer die knoffel en gemmer vir 30 sekondes. Voeg die lemoen- en suurlemoenskil en -sap, sojasous en sprietuie by en braai vir 2 minute. Voeg die hoender by en kook vir 'n paar minute tot die hoender sag is. Meng die mieliemeel en water tot 'n pasta, voeg by die pan en kook, terwyl jy roer, totdat die sous verdik.

Hoender met oestersous

Jy dra 4

30 ml/2 eetlepels grondboontjiebotterolie (grondboontjiebotter).
1 knoffelhuisie, fyngedruk
1 sny gemmer, fyn gekap
450g/1lb hoender, in skywe gesny
250 ml/8 fl oz/1 koppie hoenderaftreksel
30 ml/2 eetlepels oestersous
15 ml/1 e ryswyn of sjerrie
5 ml/1 teelepel suiker

Verhit die olie saam met die knoffel en gemmer en braai tot bruin. Voeg die hoender by en soteer vir sowat 3 minute tot ligbruin. Voeg die aftreksel, oestersous, wyn of sjerrie en suiker by, bring tot kookpunt, roer, bedek dan en prut vir sowat 15 minute, roer af en toe, tot die hoender gaar is. Verwyder die deksel en kook voort, terwyl jy roer, vir sowat 4 minute totdat die sous verminder en verdik.

Hoenderpakkies

Jy dra 4

225 g/8 oz hoender
30 ml/2 eetlepels ryswyn of droë sjerrie
30 ml/2 eetlepels sojasous
waspapier of bakpapier
30 ml/2 eetlepels grondboontjiebotterolie (grondboontjiebotter).
die gebraaide olie

Sny die hoender in 5 cm/2 blokkies. Meng die wyn of sjerrie en die sojasous, gooi oor die hoender en meng goed. Bedek en laat staan vir 1 uur, roer af en toe. Sny die papier in 10 cm/4 vierkante en smeer met olie. Dreineer die hoender goed. Plaas 'n stuk papier op jou werkoppervlak met een hoek na jou toe Plaas 'n stukkie hoender op die vierkant net onder die middel, vou in die onderste hoek en vou weer om die hoender toe te maak. Vou na die kant en vou dan die boonste hoek in om die pakkie vas te maak. Verhit die olie en braai die hoenderbolletjies vir sowat 5 minute tot gaar. Bedien warm in pakkies vir gaste om oop te maak.

Hazelnoot hoender

Jy dra 4

225 g/8 oz hoender, in dun skywe gesny
1 eierwit, liggies geklits
10 ml/2 eetlepels mielieblom (mieliesstysel)
45 ml/3 eetlepels grondboontjiebotter (grondboontjie) olie.
1 knoffelhuisie, fyngedruk
1 sny gemmerwortel, gekap
2 preie, gekap
30 ml/2 eetlepels sojasous
15 ml/1 e ryswyn of droë sjerrie
100 g geroosterde grondboontjies

Meng die hoender met die eierwit en die room tot goed bedek. Verhit die helfte van die olie en braai die hoender tot bruin, haal dan uit die pan. Verhit die oorblywende olie en soteer die knoffel en gemmer tot sag. Voeg die preie by en braai tot ligbruin. Roer die sojasous en wyn of sjerrie by en prut vir 3 minute. Plaas die hoender terug in die pan met die grondboontjies en kook liggies tot deurwarm.

Grondboontjiebotter Hoender

Jy dra 4

4 hoenderborsies, in blokkies gesny
sout en varsgemaalde peper
5ml/1 teelepel vyf speserye poeier
45 ml/3 eetlepels grondboontjiebotter (grondboontjie) olie.
1 ui, in blokkies gesny
2 wortels, in blokkies gesny
1 selderystingel, in blokkies gesny
300 ml/½ tl/1¼ koppie hoenderaftreksel
10 ml/2 e tamatiepuree (pasta)
100 g/4 oz grondboontjiebotter
15 ml/1 eetlepel sojasous
10 ml/2 eetlepels mielieblom (mieliesstysel)
gepoeierde bruinsuiker
15 ml/1 eetlepel gekapte grasuie

Geur die hoender met sout, peper en vyfspeserypoeier. Verhit die olie en braai die hoender tot sag. Verwyder uit pan. Voeg die groente by en braai tot sag maar steeds krakerig. Meng die sous met die ander bestanddele, behalwe die grasuie, roer in die pan en bring tot kookpunt. Plaas die hoender terug in die pan en verhit deur terwyl jy roer. Dit word bedien besprinkel met suiker.

Hoender met groen ertjies

Jy dra 4

60 ml/4 eetlepels grondboontjieolie (grondboontjies).

1 ui, gekap

450g/1lb hoender, in blokkies gesny

sout en varsgemaalde peper

100 g ertjies

2 stingels seldery, gekap

100 g sampioene, gekap

250 ml/8 fl oz/1 koppie hoenderaftreksel

15 ml/1 e mielieblom (mieliestysel)

15 ml/1 eetlepel sojasous

60 ml/4 eetlepels water

Verhit die olie en braai die ui tot dit ligbruin is. Voeg die hoender by en braai tot kleur. Geur met sout en peper en voeg die ertjies, seldery en sampioene by en meng goed. Voeg aftreksel by, bring tot kookpunt, bedek en prut vir 15 minute. Meng die mieliemeel, sojasous en water tot 'n pasta, voeg by die pan en kook, terwyl jy roer, totdat die sous opklaar en verdik.

Peking hoender

Jy dra 4

4 porsies hoender
sout en varsgemaalde peper
5 ml/1 teelepel suiker
1 sprietuie (ui), gekap
1 sny gemmerwortel, gekap
15 ml/1 eetlepel sojasous
15 ml/1 e ryswyn of droë sjerrie
15 ml/1 e mielieblom (mieliestysel)
die gebraaide olie

Plaas die hoenderporsies in 'n vlak bak en sprinkel sout en peper oor. Meng die suiker, sprietuie, gemmer, sojasous en wyn of sjerrie, meng met die hoender, bedek en laat marineer vir 3 uur. Dreineer die hoender en bestrooi dit met mieliestysel. Verhit die olie en braai die hoender tot bruin en gaar. Dreineer goed voor opdiening.

Hoender met soetrissies

Jy dra 4

60 ml/4 eetlepels sojasous
45 ml/3 e ryswyn of droë sjerrie
45 ml/3 eetlepels mielieblom (mieliestysel)
450g/1lb hoender, gemaal (gemaal)
60 ml/4 eetlepels grondboontjieolie (grondboontjies).
2,5 ml/½ teelepel sout
2 knoffelhuisies, fyngekap
2 rooi soetrissies, in blokkies gesny
1 groen soetrissie, in blokkies gesny
5 ml/1 teelepel suiker
300 ml/½ tl/1¼ koppie hoenderaftreksel

Roer die helfte van die sojasous, die helfte van die wyn of sjerrie en die helfte van die mieliestysel by. Giet oor die hoender, meng goed en laat vir minstens 1 uur marineer. Verhit die helfte van die olie met sout en knoffel tot ligbruin. Voeg die hoender en marinade by en braai vir sowat 4 minute tot die hoender wit word, haal dan uit die pan. Voeg die oorblywende olie by die pan en soteer die soetrissies vir 2 minute. Voeg die suiker by die pan met die oorblywende sojasous, wyn of sjerrie, en mieliestysel en meng goed. Voeg die sous by, bring tot kookpunt, kook dan, terwyl jy roer, totdat die sous verdik. Plaas die hoender terug in die pan, bedek en kook vir 4 minute tot die hoender gaar is.

Gebraaide hoender met soetrissies

Jy dra 4

1 hoenderborsie, dun gesny
2 snye gemmerwortel, gekap
2 sprietuie (uie), gekap
15 ml/1 e mielieblom (mieliestysel)
30 ml/2 eetlepels ryswyn of droë sjerrie
30 ml/2 eetlepels water
2,5 ml/½ teelepel sout
45 ml/3 eetlepels grondboontjiebotter (grondboontjie) olie.
100 g waterkastaiings, in skywe gesny
1 rooi soetrissie, in repe gesny
1 groen soetrissie, in repe gesny
1 geel soetrissie, in repe gesny
30 ml/2 eetlepels sojasous
120 ml/½ koppie hoenderaftreksel

Plaas die hoender in 'n bak. Meng die gemmer, sprietuie, mieliestysel, wyn of sjerrie, water en sout, voeg by die hoender en laat rus vir 1 uur. Verhit die helfte van die olie en braai die hoender tot ligbruin, haal dan uit die pan. Verhit die oorblywende olie en braai die kastaiings en soetrissies vir 2 minute. Voeg die sojasous en aftreksel by, bring tot kookpunt, bedek en prut vir 5 minute tot die groente net sag is. Plaas die hoender terug in die pan, gooi goed en verhit weer liggies voor opdiening.

Hoender en pynappel

Jy dra 4

30 ml/2 eetlepels grondboontjiebotterolie (grondboontjiebotter).

5 ml/1 teelepel sout

2 knoffelhuisies, fyngekap

450g/1lb ontbeende hoender, in dun skywe gesny

2 uie, in skywe gesny

100 g waterkastaiings, in skywe gesny

100 g/4 oz pynappelstukke

30 ml/2 eetlepels ryswyn of droë sjerrie

450 ml/¾ vir/2 koppies hoendersop

5 ml/1 teelepel suiker

varsgemaalde peper

30 ml/2 eetlepels pynappelsap

30 ml/2 eetlepels sojasous

30 ml/2 eetlepels mielieblom (mieliesstysel)

Verhit die olie, sout en knoffel tot die knoffel ligbruin is. Voeg die hoender by en soteer vir 2 minute. Voeg die ui, waterkastaiings en pynappel by en braai vir 2 minute. Voeg die wyn of sjerrie, aftreksel en suiker by en geur met peper. Bring tot kookpunt, bedek en prut vir 5 minute. Meng die pynappelsap, sojasous en mieliestysel. Roer in die pan en kook, terwyl jy roer, totdat die sous verdik en opklaar.

Hoender met pynappel en lychee

Jy dra 4

30 ml/2 eetlepels grondboontjiebotterolie (grondboontjiebotter).
225 g/8 oz hoender, in dun skywe gesny
1 sny gemmerwortel, gekap
15 ml/1 eetlepel sojasous
15 ml/1 e ryswyn of droë sjerrie
200 g ingemaakte pynappelstukke in stroop
200 g/7 ons blikkie lychees in stroop
15 ml/1 e mieleblom (mieliestysel)

Verhit die olie en braai die hoender tot ligkleurig. Voeg die sojasous en wyn of sjerrie by en meng goed. Meet 250 ml/8 fl oz/1 koppie gemengde Lychee Pynappelstroop af en sit 30 ml/2 eetlepels eenkant. Voeg die res by die pan, bring tot kookpunt en kook vir 'n paar minute tot die hoender sag is. Voeg die pynappelstukke en lychee by. Meng die mieliemeel met die gereserveerde stroop, roer in die pan en kook, terwyl jy roer, totdat die sous opklaar en verdik.

Hoender met Vark

Jy dra 4

1 hoenderborsie, dun gesny

100 g/4 ons maer varkvleis, in dun skywe gesny

60 ml/4 eetlepels sojasous

15 ml/1 e mielieblom (mieliestysel)

1 eierwit

45 ml/3 eetlepels grondboontjiebotter (grondboontjie) olie.

3 skywe gemmerwortel, gekap

50g/2oz bamboeslote, in skywe gesny

225 g sampioene, in skywe gesny

225g/8oz Chinese blare, gekap

120 ml/½ koppie hoenderaftreksel

30 ml/2 eetlepels water

Roer die hoender en vark by. Meng sojasous, 5ml/1 e mielieblom en eierwit en roer by hoender en vark. Laat rus vir 30 minute. Verhit die helfte van die olie en braai die hoender en varkvleis tot ligbruin, haal dan uit die pan. Verhit die oorblywende olie en braai die gemmer, bamboeslote, sampioene en Chinese blare tot goed bedek met olie. Voeg die aftreksel by en bring tot kookpunt. Plaas die hoendermengsel in die pan, bedek en kook vir sowat 3 minute tot die vleis sag is. Meng die oorblywende mieliemeel tot 'n pasta met water, roer by die sous en kook, terwyl jy roer, totdat die sous verdik. Bedien dadelik.

Gestoofde Hoender Met Aartappels

Jy dra 4

4 stukke hoender
45 ml/3 eetlepels grondboontjiebotter (grondboontjie) olie.
1 ui, in skywe gesny
1 knoffelhuisie, fyngedruk
2 snye gemmerwortel, gekap
450 ml/¾ vir/2 koppies water
45 ml/3 eetlepels sojasous
15 ml/1 eetlepel bruinsuiker
2 aartappelblokkies

Sny die hoender in 5 cm/2 stukke. Verhit die olie en braai die ui, knoffel en gemmer tot dit ligbruin is. Voeg die hoender by en braai tot ligbruin. Voeg die water en sojasous by en bring tot kookpunt. Voeg die suiker by, bedek en kook vir sowat 30 minute. Voeg die aartappels by die pan, bedek en prut vir 'n verdere 10 minute tot die hoender sag en die aartappels gaar is.

Vyf speserye hoender met aartappels

Jy dra 4

45 ml/3 eetlepels grondboontjiebotter (grondboontjie) olie.

450g/1lb hoender, in stukke gesny

sout

45 ml/3 eetlepels geelboontjiepasta

45 ml/3 eetlepels sojasous

5 ml/1 teelepel suiker

5ml/1 teelepel vyf speserye poeier

1 aartappel, in blokkies gesny

450 ml/¾ vir/2 koppies hoendersop

Verhit die olie en braai die hoender tot dit ligbruin is. Strooi sout oor, voeg dan die boontjiepasta, sojasous, suiker en vyfspeserypoeier by en braai vir 1 minuut. Voeg die aartappel by en meng goed, voeg dan die aftreksel by, bring tot kookpunt, bedek en prut vir sowat 30 minute tot sag.

Rooi gaar hoender

Jy dra 4

450g/1lb hoender, in skywe gesny

120 ml/½ koppie sojasous
15 ml/1 eetlepel suiker
2 skywe gemmerwortel, fyn gekap
90ml/6 e hoenderaftreksel
30 ml/2 eetlepels ryswyn of droë sjerrie
4 sprietuie (sjabloon), in skywe gesny

Gooi al die bestanddele in 'n kastrol en bring tot kookpunt. Bedek en prut vir sowat 15 minute tot die hoender gaar is. Haal die deksel af en kook vir sowat 5 minute, terwyl jy af en toe roer, totdat die sous verdik. Dit word bedien besprinkel met sprietuie.

Hoender frikkadelle

Jy dra 4

225 g/8 oz hoender, gemaal (gemaal)
3 waterkastaiings, gekap
1 sprietuie (ui), gekap

1 sny gemmerwortel, gekap

2 eierwitte

5 ml/2 tl sout

5 ml/1 teelepel varsgemaalde peper

120 ml/½ koppie grondboontjiebotterolie.

5 ml/1 teelepel gekapte ham

Meng die hoender, kastaiings, halwe sprietuie, gemmer, eierwitte, sout en peper. Vorm in balletjies en druk plat. Verhit die olie en braai die frikkadelle tot goudbruin, draai dit een keer om. Dit word bedien besprinkel met die oorblywende ui en ham.

Gesoute hoender

Jy dra 4

30 ml/2 eetlepels grondboontjiebotterolie (grondboontjiebotter).

4 stukke hoender

3 sprietuie (uie), gekap

2 knoffelhuisies, fyngekap

1 sny gemmerwortel, gekap

120 ml/½ koppie sojasous

30 ml/2 eetlepels ryswyn of droë sjerrie

30 ml/2 e bruinsuiker

5 ml/1 teelepel sout

375 ml/13 fl oz/1½ koppie water

15 ml/1 e mielieblom (mieliestysel)

Verhit die olie en braai die hoenderstukke tot bruin. Voeg die sprietuie, knoffel en gemmer by en soteer vir 2 minute. Voeg die sojasous, wyn of sjerrie, suiker en sout by en meng goed. Voeg die water by en bring tot kookpunt, bedek en prut vir 40 minute. Meng die mieliestysel met 'n bietjie water, voeg dit by die sous en kook, terwyl jy roer, totdat die sous opklaar en verdik.

Hoender in sesamolie

Jy dra 4

90 ml/6 eetlepels grondboontjiebotter (grondboontjie) olie.

60 ml/4 eetlepels sesamolie

5 skywe gemmerwortel

4 stukke hoender

600ml/1pt/2½ koppies ryswyn of droë sjerrie

5 ml/1 teelepel suiker

sout en varsgemaalde peper

Verhit die olies en braai die gemmer en hoender tot ligbruin. Voeg die wyn of sjerrie by en geur met suiker, sout en peper. Bring tot kookpunt en prut, sonder deksel, totdat die hoender sag is en die sous verminder het. Bedien in bakkies.

Hoender Sjerrie

Jy dra 4

30 ml/2 eetlepels grondboontjiebotterolie (grondboontjiebotter).

4 stukke hoender

120 ml/½ koppie sojasous

500 ml/17 fl oz/2¼ koppies ryswyn of droë sjerrie

30 ml/2 e suiker

5 ml/1 teelepel sout

2 knoffelhuisies, fyngekap

1 sny gemmerwortel, gekap

Verhit die olie en braai die hoender tot bruin aan alle kante. Dreineer oortollige olie en voeg al die ander bestanddele by. Bring tot kookpunt, bedek en prut oor redelik hoë hitte vir 25 minute. Verlaag die hitte en prut vir nog 15 minute totdat die hoender gaar is en die sous verminder het.

Hoender met sojasous

Jy dra 4

350g/12oz hoender, in blokkies gesny

2 sprietuie (uie), gekap

3 skywe gemmerwortel, gekap

15 ml/1 e mielieblom (mieliestysel)

30 ml/2 eetlepels ryswyn of droë sjerrie

30 ml/2 eetlepels water

45 ml/3 eetlepels grondboontjiebotter (grondboontjie) olie.

60 ml/4 eetlepels dik sojasous

5 ml/1 teelepel suiker

Meng die hoender, sprietuie, gemmer, mieliemeel, wyn of sjerrie en water en laat staan vir 30 minute terwyl jy af en toe roer. Verhit die olie en braai die hoender vir sowat 3 minute tot ligbruin. Voeg die sojasous en suiker by en roerbraai sowat 1 minuut tot die hoender gaar en sag is.

Pittige gebakte hoender

Jy dra 4

150 ml/¼ pt/½ koppie opgehoopte sojasous
2 knoffelhuisies, fyngekap
50 g/2 oz/¼ koppie bruinsuiker
1 ui, fyn gekap
30 ml/2 e tamatiepuree (pasta)
1 sny suurlemoen, gekap
1 sny gemmerwortel, gekap
45 ml/3 e ryswyn of droë sjerrie
4 groot stukke hoender

Meng al die bestanddele behalwe die hoender. Plaas die hoender in 'n oondbak, gooi die mengsel daaroor, bedek en marineer oornag, bedruip af en toe. Bak die hoender in 'n voorverhitte oond teen 180°C/350°F/gas 4 vir 40 minute, draai en bedruip af en toe. Verwyder die deksel, verhoog die oondtemperatuur tot 200°C/400°F/gas punt 6 en kook verder vir 'n verdere 15 minute totdat die hoender gaar is.

Hoender met spinasie

Jy dra 4

100g/4oz hoender, gemaal
15 ml/1 eetlepel hamvet, gekap
175 ml/6 fl oz/¾ koppie hoenderaftreksel
3 eierwitte, liggies geklits
sout
5 ml/1 teelepel water
450g/1lb spinasie, fyn gekap
5 ml/1 teelepel mielieblom (mieliesstysel)
45 ml/3 eetlepels grondboontjiebotter (grondboontjie) olie.

Meng hoender, spekvet, 150 ml/¼ pt/½ koppie hoenderaftreksel, eierwitte, 5 ml/1 tl sout en water. Meng die spinasie met die oorblywende sous, 'n knippie sout en die mieliestysel gemeng met 'n bietjie water. Verhit die helfte van die olie, voeg die spinasiemengsel by die pan en roer aanhoudend oor lae hitte tot deurwarm. Plaas oor na 'n warm bord en hou warm. Verhit res van olie en braai lepels vol hoendermengsel tot wit. Rangskik die spinasie bo-op en sit dadelik voor.

Lenterolletjies met hoender

Jy dra 4

15 ml/1 eetlepel grondboontjieolie (grondboontjies).
n knippie sout
1 knoffelhuisie, fyngedruk
225 g/8 oz hoender, in repe gesny
100 g sampioene, in skywe gesny
175 g kool, gekap
100g/4oz bamboeslote, gesnipper
50 g waterkastaiings, gekap
100 g boontjiespruite
5 ml/1 teelepel suiker
5 ml/1 teelepel ryswyn of droë sjerrie
5 ml/1 teelepel sojasous
8 lente rol velle
die gebraaide olie

Verhit die olie, sout en knoffel en braai liggies tot die knoffel begin goud word. Voeg die hoender en sampioene by en braai vir 'n paar minute tot die hoender wit word. Voeg die kool, bamboeslote, waterkastaiings en boontjiespruite by en soteer vir 3 minute. Voeg die suiker, wyn of sjerrie en sojasous by, meng goed, bedek en kook vir die laaste 2 minute. Draai in 'n vergiettes en laat dreineer.

Plaas 'n paar druppels van die vulselmengsel in die middel van elke springrol, vou die onderkant in, vou die kante in, rol dan op, omhul die vulsel. Seël die rand met 'n bietjie meel-water mengsel en laat droog word vir 30 minute. Verhit die olie en braai die springrolletjies vir sowat 10 minute tot hulle bros en goudbruin is. Dreineer goed voor opdiening.

www.ingramcontent.com/pod-product-compliance
Lightning Source LLC
Chambersburg PA
CBHW071910110526
44591CB00011B/1624